哪來的芒果乾？

煽動恐懼，倚賴美國，能解決問題？

蘇起、夏立言、趙春山、張五岳、
趙建民、歐鴻鍊、何思因、
劉志攻、黃奎博、高華柱、
林郁方、楊念祖、袁桂笙——著

馬英九基金會——編

目錄

附錄　圓桌論壇

序

重建兩岸互信，打開台灣的活路

馬英九／馬英九基金會董事長

二〇一六年我卸任之際，曾提醒蔡總統，如果兩岸關係再度惡化，我國又將陷入斷交頻頻及國際空間萎縮的困境。很遺憾，蔡總統執政後，我擔心的問題一一出現。如今「反中」成爲執政無能的遮羞布，甚至成爲整肅政敵的武器。蔡政府操弄人民的恐懼感，「芒果乾」（「亡國感」的諧音）成爲網路流行語，社會瀰漫不安氣氛。馬英九基金會舉辦這場研討會，就是要從兩岸、外交、國防三方面，探討當前國安危機及因應之道。

兩岸關係惡化 藉反中操弄選舉

蔡總統不接受「九二共識」，等於片面廢棄兩岸二十七年來建立的政治互信，雙方走向冷對抗。大陸不再與台灣諮商，不僅片面啟動靠近臺海中線的M503航路與三條聯絡線，軍機繞台更成常態，甚至飛越海峽中線。在外國被捕的我國詐騙犯，一律遣返大陸，不再與我方商量，二〇〇九年兩岸建立的司法互助機制，三年來完全停擺。

兩岸關係惡化，對台灣民生經濟衝擊更大。首先是陸客大量減少，尤其今年八月起大陸暫停自由行，陸客已比七月減少近三成，九月起團客配額也大幅降低。旅遊業預估，今年陸客來台將減少七十萬人次，觀光業損失上看一千五百億。業者痛批，兩百萬從業人員的生計，變成民進黨政府錯誤政策的祭品。爲了塡補陸客缺口，政府片面給予東南亞國家免證簽待遇並補貼旅費，但觀光效益卻遠不如陸客，還產生「假觀光眞打工」的後遺症。

民進黨政府不斷哄抬的「新南向政策」，不只在觀光方面成效不彰，其他方面也乏善可陳。根據國貿局統計，二〇一八年台灣對東協十國的出口占比爲十七・三%，比我執政後四年的平均十八・六%，還少了一・三個百分點。在缺乏自由貿易協定（FTA）與區域經濟整合（CPTPP、RCEP）的保障下，台灣在新南向國家很難與大陸、日本、韓國競爭。

兩岸關係惡化的根源，在於蔡英文總統不接受「九二共識」，其實過去她並非如此。二〇〇〇年七月六日她擔任陸委會主委答覆立委質詢時，曾經說過「『一個中國各自表述』，是在一九九二年所談的過程，在我們的立場，是『各自表述一個中國』」。可見當年蔡主委主張「各表一中」，並不否定「九二共識，一中各表」，但現在的蔡總統卻爲了選票，不僅違背自己的國會證詞，還刻意扭曲，把「九二共識」與台灣民眾反對的「一國兩制」劃上等號，藉此塑造抗中形象，來拉抬選情，將個人利益置於國家安危之上。

蔡政府才修完「國安五法」，又進一步推動「中共代理人」修法，假國安之名，剝奪人民受憲法保障的基本自由與權利。一旦修法完成，任何從事兩岸交流與大陸官方接觸的人，都可能因涉及「國家安全」或「政治宣傳」而遭株連，成爲「中共代理人」。這讓百萬大陸台商人心惶惶。台商組織「台企聯」就發表聲明指出，「中共代理人」條款是「欲加之罪，何患無辭」，強烈譴責民進黨製造綠色恐怖。

外交一再挫敗，辣台妹折損主權最多

外交方面，過去因爲兩岸關係改善帶來的「外交休兵」已經一去不返。蔡政府上任後，二〇一七年起我國無法出席我任內年年出席的世界衛生大會（ＷＨＡ）。國際民航組織（ＩＣＡＯ）年會，也不再邀請我國。雖然蔡政府不斷強調，美國、日本、歐盟等許多國家支持我國參與國際組織，但實際上束手無策。

三年多來我國失去了七個邦交國，總數降到開國一〇八年以來最少的十五國。蔡總統將斷交七國全歸咎於中共打壓，那我們執政時又如何能在八年任內只斷交甘比亞一國，而且兩年四個月後才跟中共建交？我們靠的就是「外交休兵」——兩岸相互不挖邦交國的默契。

另外，我國有七個在無邦交國的駐外機構被要求改名，其中一個甚至被迫遷離首都。還有四十四家國外航空公司的網站上，我國的名稱也被矮化，國際空間大幅萎縮。這些都是蔡總統上任後才有的現象，固然是中共施壓所致，但蔡政府無法改善惡化的兩岸關係，恢復雙方互信，才是台灣在國際社會節節敗退的根本原因。「辣台妹」口口聲聲說「捍衛中華民國台灣主權，是蔡英文政府的現在進行式」，但事實上，蔡總統大量折損國家主權及萎縮國際空間才是現在進行式。我國剩下的十五個邦交國，還有不少想跟大陸建交，蔡總統再不醒悟改革，未來歷史注定成為喪權辱國的「斷交總統」。

過去我們對外關係採取「和陸、友日、親美」的大戰略，使兩岸關係「機會極大化、威脅極小化」；蔡政府上任後，片面向美國傾斜，「聯美抗中」成了蔡政府唯一的選項，但臺美的實質關係眞的提升了嗎？台灣在國際上的困境有改善嗎？

總統出訪過境美國，一向視為臺美關係的指標。蔡總統二〇一九年七月的「民主永續之旅」，過境紐約兩天，到哥倫比亞大學演講，蔡政府聲稱是「重大外交突破」，連美國在台協會主席例行性登機迎接都說成「亮點」。看看陳水扁前總統怎麼評論？他說他在二〇〇三年出訪過境紐約時就停留兩晚，並公開活動。他還指出，即使有《台灣旅行法》，蔡總統還是去不了華府，過境紐約並不算突破，台灣不過是中美貿易大戰中的「棋子」。事實上，我在二〇一三年出訪過境紐約時，也曾停留兩天，不僅與紐約市長彭博及國會議員會面，公開參訪九一一事件世貿大樓遺址，並回母校紐約大學法學院演講。二〇一五年過境波士頓也有國會議員接機，在母校哈佛大學演講，並訪問華埠受到兩千人歡迎。

很明顯的，雖然有了《台灣旅行法》，但臺美的交流層級卻未見提升，迄今沒有兩國部長級以上的官員互訪。而我任內雖然沒有這個法律，倒是有美國環保署長等首長來臺訪問，行政院副院長與經濟部長、金管會主委等閣員也曾訪問美國。

的確，無論是《國防授權法》、《台灣旅行法》、《亞洲再保證倡議法》，或是眾議院通過《二〇一九年台灣保證法》，乃至於二〇一九年九月二十五日參議院外交委員會通過的「臺北法案」（Taipei Act），對我國都很友善，但實質的成效仍有待觀察。在巴拿馬、多明尼加、薩爾瓦多與我國斷交後，美國國務院曾訓令這三國美國大使返國述職，索羅門群島與我邦交生變時，美方也曾表達強烈關切，不過都徒勞無功。尤其攸關對美貿易、已停開兩年的《臺美貿易暨投資架構協定》（TIFA）會議，至今仍未復談。

儘管蔡政府不斷以文青式的宣傳美化對美外交成果，但實際的狀況，可以用「FBI」這個英文縮寫來描述，就是「friendly but inconsequential」（友好但缺實效），也就是「口惠而實不至」。蔡政府單獨壓寶美國，讓不平衡外交的苦果，由全民承擔。我們希望今後「FBI」變成FAO「friendly and operative」（友好而有實效）。但更重要的，還是要改善兩岸關係，恢復雙方互信，對症下藥，才是務本之道，否則結果仍然難以樂觀。

挑釁對岸 軍購無助臺海和平

國防方面，川普政府近期同意兩筆對臺軍售，包括總價二十二億美元的M1A2T艾布蘭戰車及飛彈，以及八十億美元的F-16V戰機。向美軍購確實爲我國防衛所必需，我八年任內，美國也對我軍售達二〇一億美元，但在國防上，馬政府與蔡政府卻採取截然不同的戰略。

我任內參考「上兵伐謀」的理念，以和平繁榮的兩岸關係作爲台灣安全的第一道防線，以「活路外交」擴大國際空間作爲第二道防線，以「防衛固守、有效嚇阻」的國防武力作爲第三道防線。向美國採購武器並非升高兩岸軍備競賽，而是讓我們擁有適當的防衛力量，更有信心繼續穩健發展兩岸關係。反觀蔡政府，先以反中態度挑釁對岸，再花大錢向美軍購，不僅無助臺海和平，更升高危機風險，難怪被人質疑是向美國繳保護費。

近期川普政府提出《印太戰略報告》（*Indo-Pacific Strategy Report*），將台灣納入圍堵中國大陸陣線，蔡政府立即呼應。我們要提醒蔡總統，儘管過去亞太國家的安全與經濟都靠美國，但大陸崛起成爲世界第二大經濟體後，近年亞太國家經濟紛紛靠向大陸，參加「亞投行」或「一帶一路」。日本、印度、東協等國已不再對美國照單全收。蔡政府一味「聯美抗中」，把所有的籌碼都押在美國身上，不僅讓台灣失去地緣戰略優勢，更淪爲大國博弈的「棋子」。

重建兩岸互信 回歸平衡外交

蔡政府的兩岸、外交、國防政策正將台灣帶向危險之路。我們仔細想想，在蔡總統主政下的台灣有更安全嗎？邦交國能否穩住？國際空間是否擴大？答案都是NO。

要解決當前危機，正本清源，就是要讓兩岸關係回歸合乎憲法的「九二共識，一中各表」，因爲這不但是「兩岸共識」，更是「兩岸共同政治基礎」，對大陸來說是「定海神針」，對台灣來說，是「最佳方案」。這些都經過二〇一五年十一月「馬習會」的確認。而長遠來看，我們思考兩岸未來，還是要回歸憲法，我們不支持台獨，反對使用武力，至於統一問題，必須透過和平方式與民主過程，由台灣人民審愼決定。

一九九〇年代的美國國務院亞太助卿羅德（Winston Lord）有句名言：「美國人沒有聰明到足以調解中國人之間的爭執」。美國臺海問題專家、哈佛大學費正清中心台灣研究小組召集人戈迪溫（Steven M. Goldstein）最近也指出，台灣並不會從美中衝突中獲益，應該盡最大可能遠離美中爭端的漩渦。

因此，我們不作棋子，更不是扈從；現今美陸相爭，我們應兼顧兩岸關係與國際關係，從中求取平衡，才能趨吉避凶。唯有重建兩岸互信，重回「和陸、友日、親美」的「平衡戰略」，才能左右逢源，打開台灣的活路。

結語

二〇一六年蔡總統上任前曾發表臉書。她說：「執政無法讓人民安心，選舉到了卻經常用『恐嚇牌』、『對立牌』來激化選情，製造社會不安，以此召喚『含血、含淚、含恨』的選票，這種『無良政府』跟『黑心食品』一樣，必須被下架！」這不正是蔡政府三年執政的寫照嗎?!二〇二〇大選，就讓我們下架無良政府，驅散「芒果乾」，讓國家重回正確的方向，如此才能眞正捍衛中華民國的主權，找回台灣的安全與繁榮！

前言

哪來的「芒果乾」？

蕭旭岑／馬英九基金會執行長

「芒果乾」，就是「亡國感」的諧音。從今年（二〇一九）春天開始，在台灣突然變得很盛產。從網路開始，蔓延到年輕人之間。

但是，這個「亡國感」所爲何來？是天意如此？還是有意爲之？亡哪一個「國」？哪來的「芒果乾」？

「亡國」。有人說，是指「中華民國」，但中華民國至今仍安穩健在，還即將舉行第七次總統直選。有人說，是指「台灣」，抱歉，台灣國從未存在過。

作家張娟芬說，是擔心台灣的民主會消亡。沒錯，蔡英文總統治理下的台灣，從「東廠」到「拔管（中閔）」，沒收了公投法，推「中共代理人」讓麥卡錫主義復辟，把原本該獨立的監委與大法官都變成「英系」，連榮總醫師沒有來挺她都被點名，台灣與民主的距離，越拉越大，張娟芬的擔憂，我們是該擔心。

但這些應該都不是正確答案。我想，這本書的出版，應該是嘗試要找出答案。畢竟，不管是亡哪個「國」，眞心憂慮的國人同胞，理應得到解答，舒緩焦慮。

我們試著提出答案：正如市售的芒果乾，是工廠製造出來的，今年開始風行的「芒果乾」，也是人工製作出來的。必須要透視這個情況，才能回頭面對自己，也才有辦法和眞心憂慮「亡國」的朋友們溝通：問題到底在那裡？我們要如何面對？如何解決？

事實的眞相是，執政的蔡英文政府，先是將今年初大陸領導人習近平「告台灣同胞書」四十周年談話，惡意扭曲為「九二共識等同一國兩制」；再到最近利用香港反送中事件，操作「今日香港，明日台灣」，意圖喚起台灣民眾的恐懼，藉此獲取政治利益。

操作人民的恐懼，永遠是最廉價，也最不負責任的政治陽謀。當感到恐懼及害怕時，人們不會去理性判斷，而是尋找敵人：一個他們可以咎責，藉以宣洩恐懼的對象，進而忘卻眞正生活中的不公不義。

馬英九基金會在十月五日舉行研討會，就是試圖拆解這個「芒果乾迷思」。台灣最權威的戰略學者、前國安會祕書長蘇起，用具體數據分析，提醒台海未來可能的風險。

他的分析發表後，已經在台灣內部引發許多討論與效應。其他在兩岸、外交、國防領域的專家們，也針對中華民國當前各項相關政策，提出最詳實的剖析與建言，大家共同的結論是：只要維持與各方（包括美國、日本、大陸三個強權）相對均衡的關係，中華民國自身的國家安全，其實相當穩固。

蔡政府過度傾斜於單邊（美國）的對外政策，否定長期以來兩岸和解的基礎，「維持現狀」變成了謊言，現狀根本無法維持。這才讓中華民國的國家安全，眞正地走到了十字路口。我必須要示警，再這樣下去，「芒果乾」遲早有一天會變成眞的。畢竟，煽動恐懼，倚賴美國，在歷史上從來不能眞正解決問題。

當然，我們絕對不會誤判中共。尤其是蔡政府上任後，兩岸全面從冷和走向冷戰，中共的各種打壓動作，台灣沒有人能接受。但不同的是，蔡政府製造「芒果乾」，爲了延續權力，激化年輕人的恐懼。我們認爲要負責任地務實提出解決方案，回到馬英九總統時期，兩岸即使有歧見，但還能坐下來平等尊嚴協商的年代。過去「馬習會」等經驗顯示，這是辦得到的。

製造惡魔黨，從來沒辦法取得眞正勝利。台灣只有與各方交好，維持平衡，才能長治久安。處理不好兩岸關係的總統，就是失敗的總統。很不幸，現在執政的蔡英文政府，既不在乎兩岸關係處理不好，更不在乎處理不好的嚴重後果。

但是，我們在乎，台灣絕大多數的老百姓在乎。台灣不需要芒果乾，台灣需要的是永保平安。

專論

二〇二〇：「兩國論」與「中國夢」可能對撞嗎？

蘇起／財團法人台北論壇基金會董事長

一九九九年的中國大陸和台灣猶如兩條列車在同一時間出發。該年五月，大陸駐前南斯拉夫使館被美機轟炸，深感受辱，乃致力於圖強雪恥。台灣方面，李登輝總統在同年七月推出「兩國論」，不被中美兩強接受，深感受挫，乃鴨子划水，迂迴前進。

兩條列車

中國大陸這條列車走的是直線，是看得到的陽謀，如胡錦濤任內推動「和平崛起」及習近平的「中國夢」，都是完全公開的政策路線。台灣因爲受到大環境和國內因素影響，走的是包裝的「台獨」曲線，是陰謀。陰謀比陽謀更難，因爲是悶在心裡，默默執行。這兩條在二十年前同時啟動的列車，明年可能對撞嗎？

中國大陸在江澤民、胡錦濤和習近平時期，利用美國陷入中東反恐戰爭的二十年，加速國內經濟

｜圖一｜中國大陸 GDP 成長率

單位：%

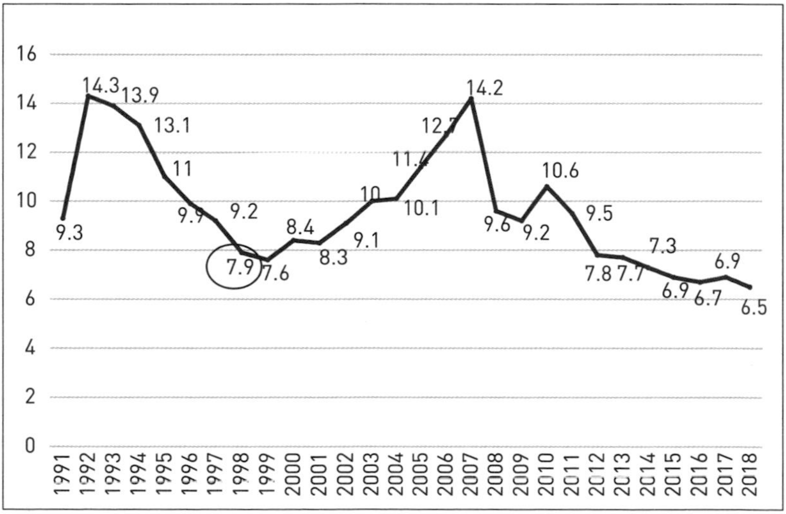

資料來源：World Bank。

建設及軍事現代化，展現全國堅定意志與戰略定力。從一九九九年，其國內GDP成長率和軍事支出（圖一和圖二），都有明顯的快速上升，急起直追。足以顯見一九九九年是它和平崛起的重要轉捩點。

李登輝「兩國論」雖當下受挫，並未因此而中斷。二〇〇〇年五月筆者卸任陸委會主委前，即將接任陸委會主委的蔡英

｜圖二｜中國大陸軍事支出

單位：十億美元

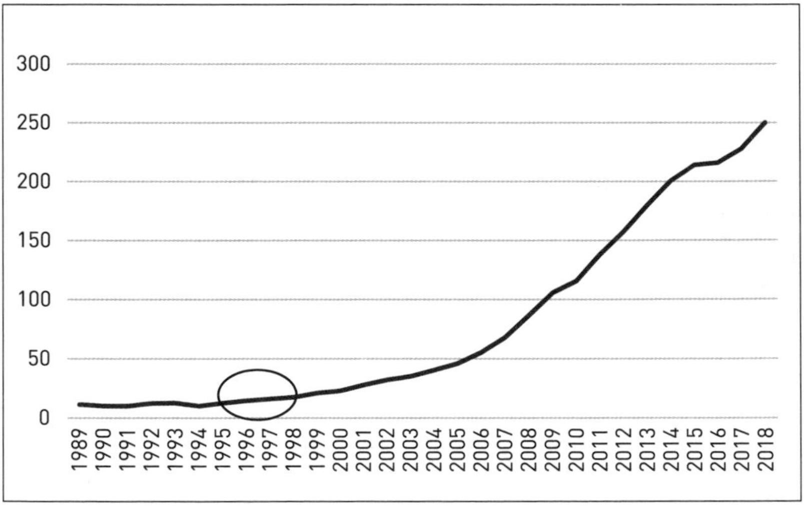

資料來源：World Bank。

文親口告知筆者「今後兩國論只會做，不會說。」[1]此一說法令筆者十分擔憂，因「兩國論」提出後，台海情勢緊張了好幾個月才平息。在陳水扁時期，政策反覆又盲動，比如正名、制憲和公投，還是被美中打回原形。在馬英九政府任內兩岸關係才轉趨和緩。但民進黨不管在朝還是在野，重點都放在思想改造，消除中國論述，弱化中華民國論述，強化「正確的」台灣論述，這個策略都在兩國論裡。她的無比堅定意志與謀略思維，從她「會做不會說」那句話都看得出來。

蔡英文執政後繼續思想改造，政策則避開陳水扁的盲動，比如以「維持現狀」穩住美國、以「這個國家」執行半個正名、以「轉型正義」執行半個「制憲」、「二〇二〇大選」執行半個「統獨公投」。在蔡英文任內，雖然政策只做一半，但卻一點一滴的推動和改變，使其成自然。此一作爲十分高明，仍激起

1　蘇起，《兩岸波濤二十年紀實》，（臺北：天下文化，2014年），頁154。

台灣內部的不安，及中國大陸的憤怒。這兩條列車會不會在明年一月十一日總統大選對撞，十分令人憂心。

進入主題前，簡單回顧過去二十年。兩岸關係主要分為軍事、外交、政治、經濟和文化五個面向（左頁），其中前兩者屬於硬實力、後兩者為軟實力，而政治則可硬亦可軟。在一九八八－一九九五年李登輝前期，兩岸關係朝向軟的方向走，不僅有軍購和多達三十一個邦交國，出訪無邦交國也無慮。但在一九九五年六月李登輝訪問康乃爾大學之後，此一局勢大翻轉，兩岸關係朝向硬的發展，台海危機威脅台灣安全，國際空間也縮小。一九九九－二〇〇八年李登輝和陳水扁時期，兩岸關係硬的越硬，軟的越軟，成為極為弔詭的局面。硬的方面，政府管得越來越硬；軟的方面，民間經濟、文化交流、投資等皆大幅上升、人員往來增加，兩岸通婚也從個位數大幅上升至上萬等。「藍」、「綠」名詞在此時期開始出現，國內也逐漸分裂。二〇〇八－二〇一六年馬英九時期恢復軟的發展，軍事鬥爭和軍事演習沒了，兩岸協議次數增加、經濟文化交流也大幅提升、也推動二〇一五年的馬習會。蔡總統任內，又恢復到硬的。因此，她是「翻轉」現狀，不是「維持」現狀。

整體來看，蔡政府的「翻轉」現狀，可以從六個大面向來看：一、在政治上，蔡總統理性否認「一個中國」、「一中各表」、「九二共識」，但也提不出替代方案。感性上，否認「中國人」，攻擊「兩岸一家親」。另外，全面中斷兩岸對話，回到「不接觸、不談判、不妥協」年代。近期積極連結與「港獨」、「藏獨」和「疆獨」的關係。二、軍事上，台灣不再安全，中共機艦頻繁繞台，或越過中線。三、外交上，台灣主權受損，連

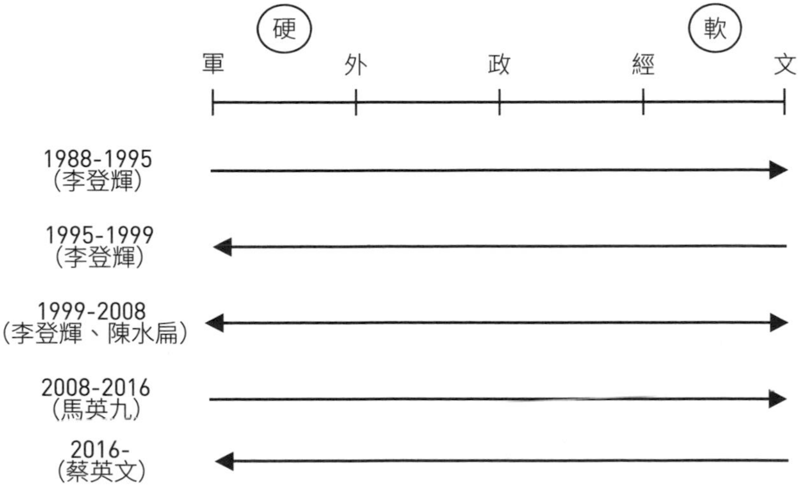

續失去七個邦交國，也不再能參與國際組織活動（如WHA、ICAO）。四、經濟上，大陸觀光客大量減少，台灣服務業嚴重影響，也不再能照顧龐大台商利益。五、文化上，打壓兩岸民間交流，甚至藉「國安五法」、及研議中的「中共代理人法」等嚇阻正常民間交流活動。六、對內宣傳上，完全不認爲大陸可能是「機會」，只咬定「威脅」，而且是只誇大「政治威脅」，卻忽視「軍事威脅」。

五個如果

這個對抗的狀況，肯定會延伸到明年。今年兩岸新變數有三個，分別是：一月二日習近平「一國兩制」講話、六月起的香港動亂、和十一月二十四日香港區議會選舉。目前香港建制派佔三二七席、民主派佔一二四席、中間派僅七席。大多數台灣人還沒有注意到第三個變數，但已經浮現了。區議會是屬於地方性的選舉，類似台北市議會。它本身不重要，主要是觀察十一月二十四日是否會出現支持港府的建制派大幅輸掉席次的可能。因爲香港民眾七百多萬人，走上街頭的有一百多萬人，選舉結果可能對建制派不利。[2]

明年台海安危繫於五個「如果」，它們本身也有深淺變化，且彼此之間有連結性。

1. 如果十一月二十四日香港選舉結果明顯對北京不利。
2. 如果明年一月十一日，台灣大選蔡英文連任。
3. 如果北京研判民進黨會長期「一黨專政」。
4. 如果北京研判美國因素重大。
5. 如果習近平因台港政策失敗且「一國兩制」嚴重受挫，而面臨國內極大的壓力。

---

2 十一月二十四日香港區議會選舉結果：建制派佔五十九席、民主派三百八十八席。

香港現在很熱鬧，但我不認爲香港是大陸內部的重要議題，大陸對台灣的重視遠高於香港。習近平在福建歷練十七年、浙江五年、上海半年等共二十二年的歷練，中共領導人沒有人比習近平更了解台灣。

目前，習近平有追求第三任的壓力，若一國兩制失敗，他的內部壓力會非常的大。台灣人不應該因此而高興，因爲習近平不會自行承擔這壓力，台灣是最有可能成爲壓力發洩之對象。

因此，要注意觀察這五個「如果」是否都存在、影響深淺程度？當五個「如果」都存在，且影響程度都很深，那兩岸「地動山搖」的可能性就非常大。

五個條件

爲什麼筆者認爲兩岸會「地動山搖」？因存在著五點主客觀條件，前三個是主觀的，後兩個是客觀的條件。當這五個主客觀條件不幸同時存在時，兩岸列車對撞的可能性倍增：

1.北京實力今非昔比，處理美中關係、兩岸關係比以前更有自信。美中貿易戰、科技戰同時衝擊美中兩國，但中國大陸仍有足夠的承受力。大陸是政治控制經濟的社會，若僅用經濟來挑戰大陸，傷害有限。在兩岸方面，台灣僅是中國大陸GDP的四％，大陸在乎台灣選舉的程度自然不如以往。

2.蔡英文過度自信，自認「中共不會打」、「美國會來救」。一九九九年她向李登輝總統提出「兩國論」報告時，一方面認爲美國會諒解，會支持；另一方面認爲大陸是一個龐大的官僚機器，無法及時因應挑戰，待他們回過神時，兩國論已經成爲既成的事實了。由於蔡英文對國際情勢和中國大陸的一知半解，使得她在一九九九年有過嚴重誤判的紀錄。

3.習近平有追求第三任的壓力，像現在蔡英文「輸不起」第二任一樣。他還要面臨二〇二一中國第一個百年，勢必要在二〇二〇年就要啟動準備。台灣二〇二〇的選舉結果若是蔡英文當選，習近平的政敵會藉此打擊他，衝擊他的第三任規劃。

4. 兩岸目前沒有任何溝通機制可化解誤判。馬總統時期有溝通機制，大事可化小，小事可化無，但蔡政府的兩岸溝通管道全部中斷。

5. 美中也沒有「戰略對話」來管理台海危機。

以上這五點，任何一至二點就足以令人擔憂。而現在這五個主客觀條件都存在，所以風險程度非常高，使筆者對未來台灣局勢十分悲觀。

中共可能作為

- 外交制裁
- 經濟制裁
- 威脅動武 → 美中交易 →「香港化」，類似 1984 中英談判決定香港前途，真的「今日香港，明日台灣」
- 真動武
  - 美來救
    - 美勝 — 台灣獨立
    - 美敗 — 兩岸統一
  - 美不來救
    - 兩岸統一
    - 美中交易 — 台灣地位更加不利

中共可能作為

針對於台灣局勢，中國可能採取的作爲有：外交制裁、經濟制裁、威脅動武和眞動武。前兩者已有相當的作爲，筆者將就後兩項解釋。若中國威脅動武，將會逼著美國來談判，談判結果可能就是把台灣「香港化」，也就是由大國在台灣沒有參與的情況下，決定台灣的前途，類似一九八四年中英談判決定香港前途一樣，蔡英文說的「今日香港，明日台灣」也將就實現。若中國眞動武，在美國會來救且美國戰勝的情況之下，台灣會獨立；若美國戰敗，則兩岸會統一。當美國不來救，兩岸會統一或者美中會進行交易，但在此一情況之下的美中交易，台灣處於更加不利的地位。

美國作為／不作為

前面提到中國大陸可能採取的作爲，再來談美國的作爲。若兩岸眞打起來，美國會來救嗎？筆者認爲可以從以下三點來討論：

1. 美國民眾的援台意願不高

根據美國芝加哥國際事務委員會（Chicago Council on Global Affairs）的調查[3]顯示（圖三），美國民眾在美國是否出兵援助諸如北韓攻打南韓、俄國入侵北大西洋公約組織

｜圖三｜台灣人對美信心大於美國人援台意願

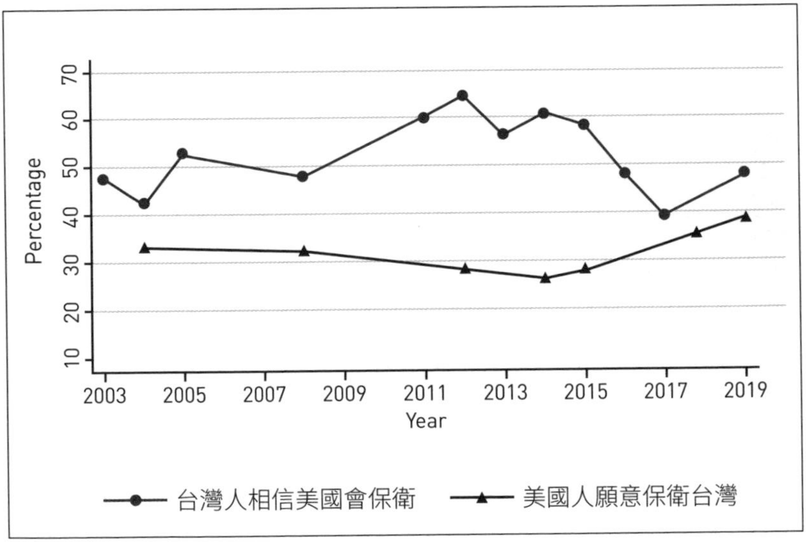

資料來源：台灣國家安全研究，國立政治大學，2003-2019，Chicago Council on Global Affairs, June 2019。

成員、中日釣魚台軍事衝突、中國大陸入侵台灣等歷年案例中，美國民眾最不支持出兵援助台灣，甚至低於中日釣魚台軍事衝突。相對於台灣民眾相信美國會保衛台灣的比例[4]，遠高於美國民眾出兵援助的意願。

2. 成本太高

美國蘭德公司（RAND Corporation）在二〇一五年的「The US-China Military Scorecard」報告[5]中（圖四），電腦模擬中美兩國在台海交手的可能勝負情形，

3 Dina Smltz, Ivo Daalder, Kar Friedhoff, Craig Kafura, and Brendan Helm, "Rejecting Retreat- Americans Support US Engagement in Global Affairs," *Chicago Council on Global Affairs*, June 2019, p.21, <https://www.thechicagocouncil.org/sites/default/files/report_ccs19_rejecting-retreat_20190909.pdf>

4 美國杜克大學 (Duke University) 委託國立政治大學選舉研究中心執行「台灣國家安全研究」(The Taiwan National Security Surveys) 2003-2019 的調查資料中顯示，台灣人平均超過半數相信美國會保衛台灣。

5 Eric Heginbotham et al., *The US-China Military Scorecard: Forces, Geography, and the Evolving Balance of Power, 1996-2017* (Santa Monica, CA: RAND Corporation, 2015), p.xxix

| 圖四 | 美中在台海交手可能的勝負

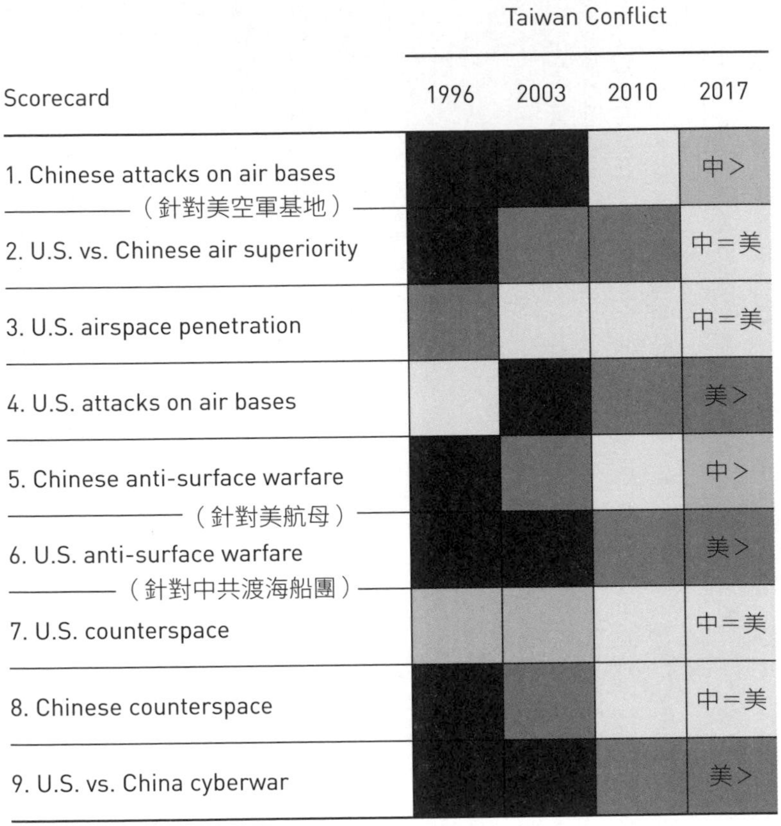

Scorecard	Taiwan Conflict			
	1996	2003	2010	2017
1. Chinese attacks on air bases ————（針對美空軍基地）——				中>
2. U.S. vs. Chinese air superiority				中＝美
3. U.S. airspace penetration				中＝美
4. U.S. attacks on air bases				美>
5. Chinese anti-surface warfare ————————（針對美航母）——				中>
6. U.S. anti-surface warfare ————————（針對中共渡海船團）——				美>
7. U.S. counterspace				中＝美
8. Chinese counterspace				中＝美
9. U.S. vs. China cyberwar				美>

資料來源："The U.S.-China Military Scorecard," RAND Corporation, 2015, p.xxix.

中共對美國基地及停泊點的飛彈威脅
短程飛彈(東風11A, 15B)
近程飛彈(東風21A到E)
中程飛彈(東風26)
防空飛彈射程
反艦飛彈射程
美國基地或停泊點
第一島鏈
航行天數
❶ 永興島
❷ 渚碧礁
❸ 永暑礁
❹ 美濟礁
Beijing
NORTH KOREA
SOUTH KOREA
CHINA
Shanghai
JAPAN
聖地牙哥到橫須賀11天
Yokosuka
7,220km
Ryukyu Islands
Okinawa
TAIWAN
NORTHERN MARIANA ISLANDS
夏威夷到關島9天
6,740km
關島到南海5天
3,520km
PHILIPPINES
Guam
PALAU
FEDERATED STATES OF MICRONESIA
SINGAPORE
Darwin
AUSTRALIA

其中包含如中國攻擊美國沖繩空軍基地和美國航空母艦、美國攻擊中共渡海船團、網路戰等九個交手項目。在一九九六年時美國佔有大部分優勢，但是在二〇一七年時，中國在攻擊美國空軍基地和航母上，會取得優勢，而這兩者剛好都是對台灣安全最爲關鍵的項目。此外，川普迄今作爲顯示他只吵架而不願打架，更不會跟強者打架。這符合他生意人的性格。

3. 鞭長莫及

今年八月份澳洲雪梨大學公布「Averting Crisis: American Strategy, Military Spending and Collective Defence in the Indo-Pacific」報告[6]中（上頁圖），清楚揭示美國航空母艦最快須九天才能從夏威夷航行至關島，再耗時五天才能從關島到南海；若是從聖地牙哥到日本橫須賀，則需十一天。這些資料過去僅會在政府內部出現，這是首次出現在公開的報告中。而美國十艘航母中，永遠有一艘在進行三年大修，另三艘年度維修，三艘訓練新兵，眞正用老兵作戰只有三艘。若從聖地牙哥開至台灣，至少要十幾天，另外還要加上政治決策和航母準備的時間。筆者有次與退休航空母艦艦長會面，詢問當接到總統命令後，航母多久可以準備好？他說加上人員召回、糧食補給、油料補給、彈藥準備等，需要三天時間才可出航。因此，若航行的時間，再加上政治決策和航母準備的總需時間，台灣恐怕已經變天了。大陸的飛彈可以瞄準任何目標，甚至於變換飛行方向，美國極難中途攔截。對於航行在中共飛彈射程範圍內的美國航母，實爲一大威脅。儘管美國飛機飛彈射程和中共的是一樣的，美中可以達成平手；但是美國軍艦飛彈射程則比解放軍海軍短。因此，如果美國軍艦和中共軍艦遭遇，則中共也佔有優勢。[7]

---

6 Ashley Townshend, Brendan Thomas-Noone & Matilda Steward, "Averting Crisis: American strategy, military spending and collective defence in the Indo-Pacific," *The United States Studies Center at the University of Sydney*, August 2019, p.19, <https://www.ussc.edu.au/analysis/averting-crisis-american-strategy-military-spending-and-collective-defence-in-the-indo-pacific>.

7 Toshi Yoshihara & James Holmes, *Red Start over the Pacific: China's Rise and the Challenge to US Maritime Strategy (2nd ed.)*," (Annapolis: Naval Institute Press, 2013), p.235

既有這三大因素，美國近年的報告越講越直白。

首先，美國國防部在今年六月公布的「印太戰略報告」（Indo-Pacific Strategy Report）中表示，「如果我國的對手（即中共）決定動用武力，他們將在戰爭初始階段佔有局部優勢。他們會想很快造成既成事實（fait accompli），達到有限目的，讓美國及其盟友難以回應。」[8]也就是中國大陸能在東亞很快取得優勢，可以改變台灣現狀，造成新的「既成事實」。過去此一論述只在智庫報告裡才看得到，這是首次出現在美國官方報告中。

第二，美國前國防部副部長 Robert Work（2014-2017）在今年六月的報告中表示，「那些不接受這項悲觀評估的人只需好好看看我們國防部最近幾年模擬美中作戰所作多次兵棋推演的結果。這些兵棋推演清楚顯示，我們如不改變現在的作戰能力及計畫，美軍會敗在共軍的手上。」[9]Work 所說的作戰能力及計畫，就是說美國通常將航母用於執行治安而不在打仗。而中共海軍都專以作戰爲目的。因此在兵推中，美國往往會戰敗。目前美國兵棋推演與中共交戰十八次，輸掉十八次。[10]這個百分之百會戰敗的兵棋推演，加上川普的連任壓力，他怎會開啟中美大戰的賭注？

第三，美國最權威的國防智庫蘭德公司在二〇一七年的報告中表示，「雖然美國國防預算是中共的二．七倍，但我們仍會在下一次美中交戰時落敗。」[11]

第四，澳洲雪梨大學美國研究中心在今年八月的報告中表示，「美國軍力已不能應付亞太的大國競爭。中共的反介入能力已經削弱美軍投射亞太的力量。它

---

8 The Department of Defense, "Indo Pacific Strategy Report," June 2019, p.18, <https://media.defense.gov/2019/Jul/01/2002152311/-1/-1/1/DEPARTMENT-OF-DEFENSE-INDO-PACIFIC-STRATEGY-REPORT-2019.PDF>

9 Robert O. Work and Greg Grant, "Beating the Americans at their own game," *Center for a New American Security*, June 2019, p.15, <https://s3.amazonaws.com/files.cnas.org/documents/CNAS-Report-Work-Offset-final-B.pdf?mtime=20190531090041>

10 Nicholas Kristof, "This is how a war with China could begin, *The New York Times Online*, September 4, 2019, <https://www.nytimes.com/2019/09/04/opinion/china-taiwan-war.html>.

11 David Ochmanek et al.,*US Military Capabilities and Forces for a Dangerous World* ((Santa Monica, CA: RAND Corporation, 2017), p.xii

可以用有限兵力在美軍能反應以前就造成既成事實。」[12]以上由美國和澳洲官方和智庫做的報告，可顯現如果台海出事，美國來救的可能性非常非常低。

前面所提及的五個「如果」在明年都存在，深度也足夠的情形之下，中共極可能做出長痛不如短痛的決定，最後就變成剛剛提到的這個結果。我們該如何自救？蔡總統爲何如此勇敢？許多政客們爲何還不顧大局，汲汲於個人利益？看到這種情形，筆者也相當無奈。

（本文由台北論壇研究助理黃韻如根據蘇董事長的投影片及演講內容筆記而成）

12 Ashley Townshend, Brendan Thomas-Noone & Matilda Steward, "Averting Crisis: American strategy, military spending and collective defence in the Indo-Pacific," The United States Studies Center at the University of Sydney, August 2019, p.2, <https://www.ussc.edu.au/analysis/averting-crisis-american-strategy-military-spending-and-collective-defence-in-the-indo-pacific>

第一章

兩岸論壇

兩岸關係：問題的根源與處理原則

夏立言／對外關係協會會長

中華民國政府、人民所面臨的問題，不論是國際或國內，是政治、經濟、貿易、甚至於單純的經貿文化體育問題，大多數可追溯至一個根本原因：兩岸因素。

這可以解釋爲什麼我們不是聯合國的會員國；全世界近兩百個國家卻只有區區十幾個小國和我們有外交關係；我們的國人在體育賽事中得到金牌，卻無法看到我們的國旗飛揚、國歌高唱；我們精美台灣製造的產品在市場上經常缺乏競爭力，只因我們無法享有自由貿易協定下的優惠關稅，甚至於大至世界著名航空公司、小至手搖飲料都被迫在政治上採取立場。

坦白說，這一切問題都源於：兩岸對「一個中國」無法有一致的看法。

這也就是爲什麼，錢君復院長曾說過，兩岸關係的位階是高於其他國家政策的。

這也是爲什麼，這場研討會，把兩岸關係放在第一場，才接序討論國防外交，原因就是：兩岸是基礎、是根本！

「一個中國」是一個歷史、國際政治混在一起的錯綜複雜的問題，不是一時片刻能有解答的，如果暫時不能解決，而雙方又有千絲萬縷的關係，唯一合理的方法就是在雙方有共識，或至少互不反對的條件下，將問題暫時擱置！

馬政府就是在這種情況下，用「九二共識」把這個一時無法解決的問題擱置。

馬政府的八年，兩岸並沒有在「一個中國」的困擾下，無法務實互動，實際上，雙方互動的成績斐然！

各階層官員在各種場合會晤、四次陸委會及國台辦首長正式會談，最後引導到雙方領導人在新加坡見面，也就是震撼世界的「馬習會」，雙方在貿易、觀光、學生、司法互助、共同打擊犯罪都有驚人的成績；主管首長間還設有熱線，可有效溝通，防止誤判！

馬總統的政策雖然是「先經後政、先急後緩」，但二十三項協定中，也不乏觸及高度政治敏感的議題，例如司法互助。

但真正的成績，也最值得自豪的，是「九二共識」在兩岸關係以外產生的外溢效益，實際上增進了中華民國的主權及在世界上的能見度，並大幅增加了人民的權益，我們維繫住了所有的邦交、加強了實質關係、參加了世界衛生大會（WHA）及國際民航組織（ICAO）會議、簽署了若干攸關我外銷至巨的自由貿易協定、免簽國大幅增加。

此外，任何研究國際政治的人都知道，多年來，當討論到世界潛在衝突熱點時，一向都是由朝鮮半島、到東海、台灣海峽、南海，然後延伸到中東、歐洲。但是馬總統的八年，世界衝突的熱點，從朝鮮半島、東海，直接就到了南海、中東地區，台灣海峽不再是衝突熱點，台海成為和平之海！

不可諱言的，有人懷疑九二共識是否眞正存在，或是中國大陸對我方的詮釋

「一中各表的九二共識」並不認同。

我方對「九二共識」的了解，當時史實，斑斑可考，而二〇〇八年胡錦濤和布希總統的電話內容，也證明了大陸也承認我方立場。

就算中國大陸不那麼欣賞我們的說法，但實際上，他們也從來沒有因爲我方各階層在許多場合如此表述，而終止與兩岸互動！

馬總統八年，「一個中國」問題並沒有眞正解決，而在那八年內雙方也不需要花費時間、唇舌去辯論那個暫時不能解決的歷史問題。

相反地，雙方務實互利互動，增加瞭解、互信，希望有朝一日，在「天時、地利、人和」條件符合情況下，那個歷史問題也可以以符合各方利益的方式迎刃而解！

愈接近大選，愈聽到更多不合邏輯的言論！

目前執政的民進黨政府，特別是蔡英文總統是以「維持現況」爲政策，贏得了政權，而且已經不知多少次公開表示，民進黨政府是最會「維護台灣主權、保障台灣安全」。

先退一萬步假設，這個依中華民國憲法選出、宣誓就職的總統所維護的主權，指的是中華民國的主權。過去三年多，這個主權眞的受到維護？這個國家的安全眞的受到保障了嗎？

什麼是主權？主權的表彰是什麼？

從實務上來看，主權的表徵最顯而易見的是，外交承認，參加國際會議、活動，簽署條約、協定，人民權益在國際間受到國家保護，護照得到免簽證待遇等等。

但蔡政府三年半內和七個邦交國斷交，原來冠中華民國名稱的代表單位也全數被迫改名，我們連續三年無法參加世界衛生大會、國際民航組織，無法派遣心目中人選參加APEC領袖會議，我們無法和任何主要貿易國簽署自由貿易協定（FTA），無力保護國人、爭取管轄權，詐欺犯全部被送往中國大陸受審，眞的是罄竹難書。

而更嚴重的是，台灣曾幾何時又變成區域可能發生衝突的熱點，中國大陸武統的言論不斷，戰機、軍艦繞台成爲常態，台灣的政治人物公開討論台灣可以防禦多少時間，我們的行政院長甚至表示，願意用掃帚保護台灣。

這是不負責任的政治狂言，置人民的安全及幸福於不顧。

我個人的公務經歷其實可以爲兩岸發展做一註解。

三十年外交工作，一年半國防部副部長，最後一年半的陸委會主委，三個工作都必須和中國大陸對抗，因此對大陸謀我的企圖有最深刻的了解。但在陸委會主委的任內，我必須嘗試和大陸談判，試圖爲台灣安全、國際空間及台灣人的福祉找出一條途徑。我們的確做到了，而且是在尊嚴對等的情況下做到了，台灣的尊嚴絲毫沒有受到傷害，中華民國在國際上的地位提高了，我們的經濟也蓬勃發展！

過去三年多蔡政府的執政，不但是失望的，更是危險的！我們被帶到戰爭的邊緣！中共的野心當然是原因，但不懂得如何處理兩岸關係的民進黨政府更難辭其咎！

爲了我們的安全與幸福，爲了我們的下一代，台灣的民眾必須做出新的選擇！

台灣大選年前後的中共對台政策

趙春山／淡江大學中國大陸研究所榮譽教授

戰略上藐視敵人，戰術上重視敵人

毛澤東說：「戰略上藐視敵人，戰術上重視敵人」，故其對台戰略目標具持續性特質，在戰術運用上則透過統一戰線的原則，突顯「既聯合又鬥爭」的高度靈活性，施展所謂「聯左、拉中、打右」的軟硬兩手。中美關係長期以來就呈現這種衝突與合作並存的特質。雙方因價值和制度的差異，存在結構性的矛盾，但基於利益的考慮，又必須在區域衝突，特別是涉及非傳統安全問題方面，採取合作的立場。兩岸關係也是如此。以馬政府執政八年爲例，馬總統採兩岸和解制度化的大陸政策，讓兩岸關係呈現了對岸所形容的那種「大合作、大和解、大發展」的盛況；但中共並沒有停止對台灣的外交打壓，也沒有撤除以台灣爲目標的飛彈部署。另一方面，蔡英文上台後，兩岸執政當局雖因「九二共識」而針鋒相對，彼此不相往來，但雙方的經濟交流和民間互動仍持續進行，沒有受到太大的影響，兩岸呈現「冷和」的狀態。

選前「鬥而不破」

進入台灣總統選舉熱季，兩岸關係從「冷和」趨向「熱鬥」，但基本上仍維持「鬥而不破」的狀態。鬥爭是主軸，不破是避免鬥爭升高到一發不可收拾的地步。

首先，兩岸關係的鬥而不破，是和中美關係目前發展的軌道相向而行。習近平今年（二〇一九）九月三日對中共中央黨校「中青年幹部培訓班」講話說：「當今世界正處於百年未有之大變局，大陸面臨的各種鬥爭不是短期的而是長期的，當前和今後一個時期，經濟、政治、文化、社會、生態文明建設和國防和軍隊建設、港澳台工作、外交工作、黨的建設等方面都將面臨重大鬥爭，而且愈來愈複雜。黨員幹部要知道風險在哪裡，表現形式是什麼，發展趨勢會怎樣，該鬥爭的就要鬥爭。」如果中美關係是一場長期鬥爭，風險就在於短多長空，所以習強調戰略定力，避免因對台工作的失誤而添增戰略風險。

川普上台後，把中共視爲戰略競爭對手，但把雙方的競爭，從利益衝突導向深層的結構性矛盾，矛盾不因白宮易主而轉移。白宮首席經濟顧問庫德洛（Larry Kudlow）九月六日受訪時，把中美貿易戰比喻成當年美蘇冷戰，認爲雙方衝突可能需要數年才能解決。庫德洛不忘解釋，當前中美紛爭事涉廣泛，強調貿易戰與冷戰諸多情況不同，故美國無意要把中共打倒。

庫德洛有先見之明，因爲中美這一回合的戰略競爭還處在起跑點上，美國固然具有先發優勢，但如大陸學者楚樹龍所說，由於世界權力結構的變化，加上制度思想的變化，已使中美力量的對比發生重大改變；而西方理論也未似過去那樣，對民眾產生巨大的吸引力。

中美競合關係反映雙方在這次台灣大選的暗中角力。雙方各自都有特定屬意的人選，但彼此皆避免因「台灣問題」而陷入攤牌。美國支持蔡英文連任，運用外交和軍事工具拉抬蔡的選戰聲勢。最近的例子是美國聯邦參議院外交委員會於九月二十五日通過《台北法案》（*Taipei Act*），要求行政部門採取行動協助台灣鞏固邦交，並針對法案提出修正案，以簽訂自由貿易協定（FTA）爲目標，與台灣展開雙邊貿易協商。儘管如此，川普至今仍避免公開觸動中共那根最敏感的神經。

其次，中共理解蔡英文現仍擁有執政地位，運用行政資源把大陸政策的主導權牢牢掌握在自己的手中。所以，中共以極限施壓對台進行鬥爭，目的在防止蔡於任期結束前，爲爭取選票而在大陸政策出現孤注一擲的過激行動。北京在選前限審陸客自由行，並在短短五天內挖走台灣在南太平洋的兩個邦交國索羅門群島和吉里巴斯，顯示這是一項「非區隔式」的對台政策行動，目的並非如外界所說，是全然著眼於影響台灣選舉的結果。中共早已記取教訓，深知介入選舉形同票房毒藥，絕非明智之舉。所以，中共是按照自己的政策議程辦事，因此也就不會太在意藍營的感受。

習近平提出探索「兩制」台灣方案和推動「民主協商」的倡議，一般認爲這讓蔡英文撿到槍；但有大陸涉台人士私下質疑，藍營爲何不把習的倡議，導向對爭取選票有利的大陸政策訴求。

此外，中共理解香港爆發「反送中」抗爭行動後，蔡英文確實撿到另一支槍，更因此取得選戰期間大陸政策的發言權。蔡認爲，維持兩岸鬥局有利於穩固綠營基本盤，但爲爭取淺藍和中間選民支持，以及保留勝選後與對岸恢復往來的活動空間，蔡須避免向對岸挑釁而使兩岸關係惡化。因此蔡強調，對香港示威群眾的訴求，採「支持但不介入」的立場，也被動因應川普這段期間一些具高度敏感性的友台措施。

鬥而不破也反映北京對國民黨的「失望」之情。韓國瑜遭黨內同志抹紅，處在台灣選戰期間一片抗中的氛圍下，國民黨在這個本屬強項的議題上，錯失了政策論戰的先機。國民黨內部對「一中各表的九二共識」存有「異見」，讓韓國瑜動輒得咎，國民黨也未善用馬政府留下兩岸和解的資產，發揮國民黨長期維持兩岸關係「不破」的功能。

弔詭的是，中美貿易談判的懸而未決，以及香港持續的反送中運動，反而提供兩岸「鬥而不破」的喘息空間。兩岸各取所需，累積互鬥的資源；但也爲了維持「不破」，各自行動都因此受到制約。

選後「促談助統」

無論選舉結果如何，北京選後的對台政策，將由消極的「鬥而不破」，轉變爲積極的「促談助統」。根據習近平在中共「十九大」所訂處理台灣問題的議程表，他不可能讓兩岸長久維持「不統、不獨、不武」的狀態。如果藍營獲勝，兩岸會即刻恢復溝通的管道，但協商的議題不會只是限於討論「人進來、貨出去、台灣發財」這類的民生問題；對岸會以經濟讓利和減低軍事施壓，提供國民黨談判的誘因。蔡英文獲勝如仍拒絕「九二共識」，則必須提出與對岸復談的新論述，並獲得對岸的理解。蔡的問題是，如何建立民進黨內的共識，以及如何得到美國支持的保證。如果民共關係僵持不下或進一步惡化，兩岸就有可能爆發軍事衝突。

台灣面臨的挑戰超越藍綠

中共選後對台灣構成的挑戰，遠遠大於選前的極限施壓，而且是超越藍綠。因爲，中共不會讓美國無止境的玩「台灣牌」，不會讓台港出現「反中抗中」的串連，更不會讓香港情勢以終結一國兩制收場。習近平在中共「十九大」的政治工作報告中，提出「三大歷史任務」的說法，包括：實現推進現代化、完成祖國統一、維護世界和平與促進共同發展。爲完成這三項任務，習提出從二〇二〇年到本世紀中葉的兩個發展階段，包括二〇三五年基本實現「社會主義現代化」、二〇五〇年把中國建成「富強民主文明和諧美麗的社會主義現代化強國」。

第一個階段會歷經二〇二〇年台灣與美國大選、二〇二一年中共建黨一百年，以及二〇二二年中共召開「二十大」。習把從「十九大」的二〇一七年至二〇二二年，視爲「兩個一百年」目標的「歷史交匯期」，其間「既要全面建成小康社會，實現第一個百年奮鬥目標，又要乘勝而上開啟全面建設社會主義現代化國家新征程，向第二個百年奮鬥目標進軍。」所以從現在到二〇二〇年很關鍵，是「全面建成小康社會決勝期」。習雖擁有戰略自信，但中國大陸內外形勢的變化，不會隨他個人的主觀意志而轉移。因此，時間不必然站在習近平那邊；一種「時不我予」的緊迫感，勢將考驗他的戰略定力。

台灣當然不必隨習近平的政治笛音起舞，但無論從地緣政治或地緣經濟的角度看，台灣都無法遠離中國大陸。習近平受到的考驗，勢將影響台灣的生存和發展。二〇二〇年總統選舉不是「統獨」的選擇，而是「和戰」的選擇；和則兩利，戰則兩害。戰爭會讓台灣付出生存的代價，也會讓大陸付出發展的代價。

不可否認，台灣今天面臨生存的主要威脅源自於對岸，而「談判代替對抗」則是台灣獲取安全的最佳途徑，台灣不必捨近求遠。在可預見的將來，台灣的談判對象應是中共的領導人習近平。「馬習會」的協商經驗告訴我們，習不是鐵板一塊。台灣必須理解習近平「務虛」也「務實」的行事風格。重要的是，台灣不能為完成「台獨」這項不可能的任務，忽略了現實存在的其他各種可能選擇。

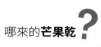

當前兩岸關係的挑戰與機遇

張五岳／淡江大學中國大陸研究所副教授

前言

今年二〇一九年不僅是二〇二〇年台灣大選與美國大選前夕重要的關鍵年。不論台灣二〇二〇年大選結果如何，未來台灣的執政者都必須務實審慎面對外在美、中大國博弈，兩岸新型挑戰與台灣內部朝野互動三大因素挑戰。凡此，都讓兩岸關係充滿著諸多挑戰與變數。

當前兩岸關係發展的挑戰與困境

吾人認爲影響兩岸關係因素，主要有下列三個重要面向：

1. 美、中大國博弈下的兩岸關係

台灣與美國及中國大陸都擁有極爲密切的關係，因此在美、中的大國互動博弈中，台灣作爲最小的一方，必須發揮最大的智慧，方足以確保台灣的國家安全與利益。一般認爲，未來美、中關係至少在習近平提出強軍強國夢的二〇三五年前，面對中國崛起與對美國威脅日益加大，未來美、中總體關係仍然將是對抗多於合作。吾人認爲，面對外在美、中的可能變局，兩岸互信基礎薄弱，與中共對台兩手抓，我方除了必須有效因應外，也必須精準全面總體的評估我國家利益。事實上我國家利益評估與計算乃是對親美日等所獲取的利益的加總，扣除來自北京的侵蝕傷害，兩者加減所獲得的淨利益。吾人認爲基於國際政治現實，我方對美日等作過多資源的投入，不僅會面臨到一定框架受限與邊際

效用遞減的影響，反而促使中共加大報復對我國家利益傷害損失。因此，在積極推動親美日與國際社會結合時，我政府部門（特別是陸委會與海基會等）與民間各界也應對中國大陸（特別是人民）持續釋放必要善意，一方面爭取國際社會的支持，另一方面更可藉以維持兩岸和平穩定格局於不墜，方足以讓台灣的國家安全利益極大化，威脅傷害極小化。

2. 欠缺互信與對話下的兩岸關係

判別兩岸關係互動，主要爲雙方的政治互信、民間各項交流與雙方實力的對比而言。一般認爲自從二〇一六年台灣政黨三度輪替後迄今，兩岸關係發展最具隱憂乃是：在兩岸各自面對內部與外部皆發生重大變化下，兩岸的執政當局既欠缺良好溝通管道，又欠缺基本政治互信基礎。這種既無管道又無互信的狀態，當一方自認已經釋放了善意，經常在對方的等待與疑慮中不斷的流逝與無法積累（一方的善意只有在對方也能善意回應下，才能夠加碼釋放，形成正循環）。正因爲雙方自認爲都得不到對方的善意回應，因此，有時候必須對內部交代以化解內部不滿的強硬呼聲，這些對內交代的言語與作爲，卻也因兩岸雙方欠缺事前必要的溝通與諒解，經常被對方視爲惡意與挑釁。這種明察對方敵意之秋毫，卻不見善意之輿薪，形成當前兩岸關係有可能步入「敵意螺旋」的日益惡化趨勢。

吾人認爲一九九二年海基會與海協會在香港協商所取得的成果，不論是叫「共識」、「諒解」或「精神」。回歸二十七年前當時的「歷史事實」有八項，一是當時是主張統一的國民黨執政。二是當年兩岸關係互動，台灣政府是以國統綱領爲圭臬。三是當時有國統會的運作，並在八月一日針對一個中國做出主權涵蓋大陸解釋。四是當時有正式授權的海基會與海協會舉行談判。五是當時有李登輝與江澤民授權的密使私下進行溝通對話。六是當時主張「統一」與自認「中國人」的民眾在台灣的民意調查是占多數。七是當時兩岸協商所談的是事務性與功能性的議題，而非政治系的議題。八是當時兩岸實力差距對比中國大陸的GDP只有台灣的兩倍大，如今已經二十二倍大。面對這八項歷史事實的變遷，兩岸關係除了尊重過去歷史事實，也要正視目前政治現實，共同開創一個符合雙方民眾期待的未來。

3.民族主義與民主政治認知不同下的兩岸關係

就兩岸雙方各自面臨內部因素的制約與影響，主要是民族主義高漲的強調一黨專政下的中國大陸，與民主政黨高度競爭強調重視民意的台灣，雙方各自內部因素都制約著兩岸關係的互動，加上中國大陸網民與台灣網民若干不理性的作為，都讓兩岸關係因為內部因素充滿著不確定的挑戰。根據個人觀察，自從習近平二○一二年擔任中共中央總書記暨二○一三年三月十七日擔任國家主席以來，到二○一九年一月二日「告台灣同胞書四十周年紀念大會」，與二○一九年三月十日兩會期間在福建省人大強調「融合發展」，六年內總共發表二十五次有關涉台談話。而「習五點」可說是當前與今後中共對台政策最為重要的指導性綱領。

吾人認為不論一國兩制在香港澳門實施的成效如何，當前台灣主要政黨與絕大多數民意對於「一國兩制」適用於台灣顯然無法接受。個人認為在短期與可預見未來台灣的政治運作中，任何有關兩岸政治性議題的談判，如果沒事先有政府公權力的授權，沒有經過民意與制度的監督，沒有經過民主選舉委任的民意檢驗，或是沒有經過台灣公民投票複決爲依歸，任何涉及兩岸的統一與最終制度性安排，欲在台灣推動與實現幾無可能。習近平「習五點」構想的提出，旨在藉由高舉在習近平新時代下，中共揭櫫的對台戰略方針，提出短中長期對台戰略目標與策略部署。吾人認爲，短期內北京對台政策當務之急在於積極推動兩岸社會經濟融合的「促融」，並寄望以此作爲未來兩岸政治統一的下層建築與經濟基礎。至於北京倡議透過「政協形式」的民主協商開展的政治對話或是有關「一國兩制」方案，它在形式的意義恐怕多於實際的效益。台灣各界如果只關注北京的「一國兩制」政治促統，而沒有注意北京極力推動社會經濟融合的「促融」，恐怕是明察秋毫而不見輿薪。

結語與因應

面對上述三大挑戰，台灣該如何因應？吾僅提出下列四點淺見。

1. 以人民福祉作為兩岸關係的主體

以人民作爲主體的兩岸關係，指的是思考兩岸關係，首先必須要清楚地指出，兩岸關係的主體應當是人民，應當是爲人民的福祉服務；而非爲政黨、政權、階級乃至政治人物一己的信仰和意識形態而服務。

2. 以和平發展作為兩岸關係的前提

以和平爲前提的兩岸關係，指的就是兩岸關係和平沒有輸家，戰爭沒有贏家。根據中國歷代戰爭年表的記載顯示，從西元前三十世紀的神農氏攻斧遂式之戰，中國歷史上第一次發生戰爭到今二〇一九年，中國五千年的歷史共發生大小戰爭六千五百三十九次，平均每年約一．三次戰爭，仔細加以檢視，絕大部分是自相殘殺的內戰。反觀美國獨立至今兩百多年，對外參與戰爭上百次，但在美國本土只有進行一次大規模內戰（南北戰爭），甚少爆發大規模內戰。是以，面對兩岸政治的發展與兩岸關係的起起伏伏，要建構台海和平穩定發展，首先必需先記取千年歷史的經驗教訓，避免兩岸炎黃子孫兵戎相見，應是兩岸各界亟需面對的要務。如千年歷史太久，就近百年歷史檢視，台海兩岸關係互動與發展，從一八九五年馬關條約割讓台灣算起，迄今已一百二十四年；從一九四五年日本投降中華民國收回台灣算起，迄今七十四年；從一九四九年海峽兩岸隔海分治算起，迄今七十年；從一九八七年十一月二日兩岸開啟民間交流算起，迄今三十二年。兩岸關係歷經風風雨雨，曾經由形勢嚴峻變成形式和緩，如今又面臨到複雜嚴峻。是以，不論是千年的歷史經驗教訓，抑或百年的治絲益棼情勢，面對得來不易且未臻穩固的兩岸和平發展格局，一方面珍惜維護鞏固這得來不易的成果，另一方面積極防範任何可能的戰爭與衝突，確保台海和平並共創兩岸人民福祉，應是有志之士此刻亟需積極面對的嚴肅課題。

3. 以民主法治作為根本的兩岸關係

以民主與法治爲根本的兩岸關係，就是在民主國家的台灣，政府必須依據中華民國憲法、依據法律、依據多數民意來推動兩岸關係。而非依據政黨的黨綱與政治領導人個人的意識形態。

4. 以民生議題為優先的兩岸關係

兩岸關係的和平發展一方面取決於兩岸高層的理念與互信，另一方面更繫於兩岸人民的相互認知與理解。只有兩岸人民有共同的利益而沒有對立與仇恨，兩岸關係和平發展方有可能。兩岸高層或許對政治可以有歧見，但兩岸人民卻不應有仇恨與對立，任何旨在製造雙方人民對立與仇恨的言行都不應當被鼓勵。以民生爲優先的兩岸關係，指的是兩岸不應以政治的分歧影響到經貿上的雙贏，甚而危害雙方人民的福祉。我們期待未來兩岸關係應該以民生經濟爲優先，兩岸公權力不僅不應阻礙正常經濟合作，更要爲經濟合作創造雙贏提供助力。

「芒果乾」上市了！

趙建民／中國文化大學社會科學院院長

二〇一九年中，網路上開始流傳「芒果乾」一詞，蔡英文民調開始逆轉，成爲這次總統大選中一個奇特現象！爲何出現「芒果乾」？有何影響？

自陳水扁以來，每次民進黨執政，「去中國化」都是施政重點，根本的原因，是因爲民進黨不認同中華民國。蔡總統上台後，有時使用「這個國家」取代國名，有時使用「中華民國台灣」，鮮少提及正式國名。這次大選國民黨提名人韓國瑜主打捍衛中華民國，其理在此。然而，藍軍雖憂慮中華民國國名一去不返，但卻不擔心中華民國國家消亡。但是，於二〇一九年中開始流行的「芒果乾」（諧音亡國感），卻是在蔡英文嚴詞恫嚇民眾並動用國家機器的情況下，導致部分百姓眞的擔心中華民國有亡國之虞。

「芒果乾」三個字是由年紀較輕的網路族群所創，源於蔡英文擴大解讀年初習近平提出的「一國兩制台灣方案」，接著的香港動亂擴大了效應。蔡英文操弄「一國兩制」的結果，不但民調上升，也擄獲了許多年輕人的支持。

香港動亂與「魔鬼中的魔鬼」

蔡政府上台三年多以來，自「一例一休」到軍公教年改，從同志婚到廢核，爭議不斷，支持度探底，爲了打擊對手政黨，甚至不顧民主程序，端出黨產委員會，二〇一八年年底的九合一選舉，民進黨輸到脫褲，有人將「全民討厭民進黨」喻爲新的最大黨，韓流趁勢興起，一時之間，藍軍在即將到來的總統大選似乎勝券在握，民進黨內是否繼續提名小英連任出現雜音，終於出現前行政院院長賴清德跳出來挑戰總統提名人的局面。然而在接下來的幾個月內，蔡英文卻精心利用了「芒果乾」效應，逐漸扭轉民調劣勢。自九合一選舉結束至二〇一九年十月，蔡英文和韓國瑜的民調支持度，來回之間變化超過三成。必須指明的是，蔡英文自己並沒有使用「亡國感」這三個字，而是透過各種方式，不斷提醒支持者，她的落選將是台灣民主的終結和統一的開始，挑弄民眾的危機意識。弔詭的是，蔡英文成功的操弄了台灣人的危機意識，根本的原因，卻在於她執政不力，使得中華民國空前脆弱，加上中國大陸的強勢崛起及其對台的若干不友善行爲，加深了民眾心理的脆弱性，蔡英文乃趁虛而入。「芒果乾」的形成，並非偶然。

就近因而言，習近平在二〇一九年一月二日紀念「告台灣同胞書」四十周年大會上，提出被稱爲「習五點」的「一國兩制台灣方案」，予蔡英文可趁之機。

鄧小平在一九八四年八月接見香港代表團首度提出的「一國兩制」，至今已近四十年，本已死水一灘在台灣毫無市場，但習近平加上「台灣方案」四個字，蔡總統立即亢奮了起來。當天下午小英召開記者會，強調不接受「九二共識」，因爲「九二共識就是一個中國和一國兩制」。接著，蔡英文加碼於三月十一日召開國家安全會議，提出內容空泛的反制「一國兩制台灣方案」指導綱領。蔡英文大概忘了她在二〇一六年五月就職時，強調將努力維持兩岸現有機制，包括「一九九二年兩岸兩會之間達成的共同認知和諒解」，她當然也沒有細讀習近平的講話中，「九二共識」和「一國兩制」根本出現在不同段落，遑論過去一段時間，陸方基本上已不提「一國兩制」，反而是在她任內，習近平不但重提還正式啟動統一進程！

若說習近平的講話讓小英撿到槍的話，香港適時發生前所未見的「反送中」動亂，則是讓小英撿到了核子炮！

二〇一八年二月，香港旅客陳同佳在台北殺害懷孕的女友後逃返香港，士林地檢署三度向香港警方尋求引渡，都遭拒絕，復因犯罪地及罪證都在台灣，香港也只能以洗錢的罪名，判嫌犯服監二十九個月。爲此，香港政府在二〇一九年初特別修定逃犯遣送條例，對台灣善意回應，也給台灣帶來意外的驚喜。但在香港人民出現「反送中」抗議浪潮後，蔡政府立刻轉向，擺出強力抗中的姿態，強調假如換黨執政的話，今日的香港將是明日的台灣。殺人嫌犯陳同佳表明來台接受審判，而蔡政府卻千方百計拒絕入境，蔡政府操弄的意圖至明。

陳同佳在台殺害女友，香港卻只能以洗錢罪名治罪，不論死者家屬或嫌犯本人甚至香港一般民眾，都有反省之聲。陳嫌在二〇一九年十月二十三日出獄前，表達來台接受審判之意，但消息傳出後，陸委會第一時間稱陳嫌是「被自首」，聲稱殺人案的被告與受害者都是香港居民，應該留在香港接受審判。內政部移民署則表明禁止陳同佳及勸說其來台投案的牧師管浩鳴入境，法務部部長蔡清祥認本案「可先由香港法院裁定管轄權的問題，若裁定沒有管轄權，台灣司法單位願意與港府共同討論」。最經典的是行政院長蘇貞昌，他質疑陳同佳「怎不在香港過好日子」，針對陳同佳有意委任知名律師陳長文辯護，曾為律師的蘇貞昌居然說「現在照妖鏡一照，魔鬼跟魔鬼中的魔鬼，都一一現形」！蘇院長說對了一句話，那就是陳同佳表明來台後，執政黨的「醜態一一現形」！

台海高度緊張、主權嚴重萎縮，人民恐慌

過去三年來台灣在國際上節節敗退，成為有史以來最孤立的國家：三年內七

個邦交國斷交，二個聯合國周邊組織除名，四十四個國際航空公司同意遵守「一中原則」將台灣改名，六個冠中華民國名稱的非邦交國代表處，全遭更名，中華民國主權危殆。

自蔡上任以來，兩岸情勢發生了巨大的變化：一、陸方對台的威嚇與日俱增，開始片面主導兩岸議題，繼二〇一八年二月提出三十一項惠台措施以及台灣居民證後，國台辦再度於二〇一九年十一月推出二十六條「關於進一步促進兩岸經濟文化交流合作的若干措施」，標榜對台企和台灣民眾「提供與中國民眾同等待遇」。二、習近平今年一月二日提出「一國兩制台灣方案」，將統一提上日程；三、台海風險日高，國際學界不斷提醒，台海已成全球衝突風險最大的地區之一，未來幾年有可能爆發戰爭，但台灣卻毫無防範。聯合報自民國九十九年開始做和戰民調，百姓認爲兩岸政府敵對的指數，已經從前六年平均的五．四，上升到近四年的六．七，近兩年更一舉突破七。

丨表一丨兩岸敵對指標

年份	99	100	101	102	103	104	105	106	107	108
政府										
友善 1~4 分	31.0%	30.2	29.6	17.0	21.7	23.9	12.6	12.7	11.6	10.6
和緩 5~6 分	39.3%	42.6	40.8	41.0	46.7	44.6	40.7	39.9	28.5	31.5
緊張 7~10 分	16.3%	17.2	17.9	30.4	18.9	21.0	35.7	34.2	48.1	48.7
平均分數	5.2 分	5.3	5.4	5.7	5.6	5.6	6.5	6.4	7.0	7.0
軍事	6.1 分	6.1	6.0	5.0	6.5	6.4	6.7	6.6	6.8	6.9
外交	6.3 分	6.4	6.7	4.4	6.9	6.7	7.2	7.2	7.7	7.4

註：1 分非常友善，10 分非常敵對
資料來源：「兩岸和戰天平民調」，聯合報，2019 年 9 月 20 日。

蔡英文執政下，台灣在主權、國安、經濟各方面嚴重弱化，人民內心的恐慌無疑為「芒果乾」提供了有利的素材。

如何加工？

從新鮮芒果到芒果乾必須經過加工，亡國感亦同，必須加辣加料，才能創造出可耕耘的土壤。作者在二〇一八年十月二十日聯合報民意論壇，發表「台灣失敗，小英成功？」一文，說明蔡英文如何將她一手造成台灣空前的災難，轉化為恫嚇人民的素材。具體而言，蔡英文用了三招，成功的激起了年輕人的亡國感。

1. 嚴詞恫嚇

七月十五日，國民黨初選結束韓國瑜勝出，人在加勒比海訪問友邦的蔡英文總統，卻稱「我們看看現在的香港，我們就知道二〇二〇年的這場選戰，是關乎我們台灣能不能守衛我們自己的民主的生活方式，我們要團結起來，打贏這場選戰，讓世世代代的台灣人，都可以用民主的方式，決定我們自己的未來。」總統大選乃是民主常態，何來保衛戰？難不成只有蔡英文任總統台灣才有民主？這不正是獨裁心態？蔡英文刻意藉香港情勢恫嚇百姓，意圖明顯。

十月十一日，蔡英文至南港玉成福德宮、松山台北府城隍廟參拜，致詞時強調，「明年總統大選非常重要，要選擇能守護台灣、堅守主權的人，還是選擇被逼上走上統一的那條路，台灣人一定要團結用選票告訴全世界，投給能保護台灣、守護台灣的蔡英文。」

捍衛主權、民主保衛戰、避免統一成爲蔡英文競選的家常話，問題是，蔡英文口口聲聲強調捍衛主權，但在她執政時期，中華民國主權嚴重退縮，爲民主化以所僅見；她堅持守護民主，但對公教年金改革和轉型正義等各項改革，卻罔顧民主程序；她不斷強調反對「一國兩制」，但卻在她執政時習近平宣布「一國兩制台灣方案」，啟動統一進程，看起來蔡比較像是「一國兩制」和大陸促統的助攻手！

2. 法條伺候

中國國家主席習近平年初提出「習五條」，蔡總統和陸委會嚴詞抨擊外，立法院民進黨團也快馬加鞭，立即修訂「國安五法」，雖然修法目的在於限制、恫嚇台灣人民，但民進黨團總召柯建銘卻將之稱爲「國家戰略思維最後的支撐點」。「五法」指的是今年五月七日完成三讀的「刑法部分條文修正案」及「國家機密保護法部分條文修正案」、五月卅一日三讀的「兩岸條例增訂第五條之三修正案」、六月十九日三讀的「國家安全法部分條文修正案」，以及七月三日三讀的「兩岸條例部分條文修正案」。

「刑法」修法，將外患罪中的境外敵對勢力的適用範圍，增列中國大陸、香港、澳門。「國家機密保護法」修法，除了規定退離職涉密人員須至少管制出境三年、最多可延至六年外，也明定若洩密予中國等敵國，將可處三年以上、十年以下有期徒刑。「國家安全法」修法，將網路空間納入國安範疇，國安機關得以查處網路攻擊案件，也大幅提高「爲敵發展組織罪」刑責，明定爲中共發展組織者可處七年以上有期徒刑、一億元以下罰金，軍公教人員涉入共諜

| 圖一 | 國安五法

》國安五法修正重點

法案名稱	修法重點
刑法	中港澳與境外敵對勢力納入外患罪範圍
國家機密保護法	涉密退離職人員出境管制最長6年、洩密最重判刑15年
兩岸人民關係條例	兩岸簽署政治協議須經國會雙審議及全國公投
國家安全法	網路納入國安範疇、提高「為敵發展組織罪」刑責、軍公教淪共諜剝奪月退俸
兩岸人民關係條例	曾任國防、外交、大陸事務或國安機關之政務副首長、少將以上人員或情報機關首長，終身不得參與中國黨政軍或具政治性機關團體舉辦的慶典或活動，而做出「妨害國家尊嚴」行為，違者最重將可剝奪其月退俸

製表：記者黃欣柏

資料來源：自由時報，2019 年 7 月 4 日。

案，將喪失月退俸請領權利，已支領者也應追繳。「兩岸條例」修法，除了管制退將赴中外，還明定兩岸簽署政治協議時，必須在協商前及簽署後交由國會「雙審議」，且最後必須經全國性公民投票通過才可生效，大幅提高雙方談判的門檻，被認爲難度超過修憲。

自九合一選舉以來，政府不斷強調陸方以假消息干涉台灣選舉，除「國安五法」外，政府又於二〇一九年四月修訂傳播法，進一步防治所謂的假消息。修了這麼多法，讓人有回到過去「匪諜就在你身邊」的感覺，但蔡英文仍嫌不足，繼續推動中共代理人法的立法，以國安爲名監管國人。但是對如何構成危害國家安全卻語焉不詳，將來國人赴陸開會、或簽署相關合作議定書，甚或在大陸工作的台商，都可能面臨觸法，難怪引發社會強烈反彈，國民黨將之稱爲「刑法一百條」復辟，親民黨則說該法是「民主送終條例」。

3. 動用國家機器

九合一選舉於二〇一八年十一月二十四日投票，陸委會主委陳明通在十一月十八日在立院答詢時表示，「中共以各種方式介入選舉，台灣民眾對此非常反感」；國安局副局長陳文凡則表示，「中國網軍一直在侵蝕台灣的社會，台灣的國安單位要持續加強反制的能力」；被問及有沒有中共勢力引導輿論時，陳文凡回答，「這是不需要懷疑的」。

前面述及蔡英文於習近平提出「一國兩制台灣方案」後，立即召開國家安全會議，煞有介事的提出內容空泛的反制措施。針對索羅門、吉里巴斯接連斷交，國安會在九月二十三日召開「因應兩岸關係新情勢專案小組」，並提出「中國升高對台威脅與介選之綜合研析」專案報告，稱中國無所不用其極介入台灣二〇二〇選舉，升高對台灣的國際打壓，年底前可能再斷台灣一至二個邦交國，威脅終止ＥＣＦＡ，並不排除特定狀況下對台極限施壓，包括明訂統一時間表等。

假如陸方確實干涉台灣選舉，爲何國安單位調查經年仍拿不出證據？看起來蔡政府的種種，是以防範陸方滲透爲名，達到恫嚇選民獲取選票的目的！

有效嗎？

「芒果乾」是蔡英文精心調製的選舉利器，她用的三招，招招致命，加上兩岸關係的複雜和「一國兩制」的敏感性，確實嚇壞了不少人。但小英將台灣失敗轉化爲自已民調上的成功，卻也凸顯了治國無方，選舉端不出牛肉的窘境！爲了勝選不惜代價，甚至動用國家機器，置國家安全於不顧，不但對國安造成無可彌補的傷害，似乎也低估了人民的民主素養！

首先，「芒果乾」之所以能夠發生效應，正凸顯了小英執政的無能以及台灣主權弱化的事實，從外交雪崩到台海風雲密布，加上執政黨不守法造成對民主價值的斲傷，過去四小龍的光芒徹底成爲過往雲煙，一個衰敗的台灣面對強大的大陸，空泛的「守護」能持續多久？

香港的遣送條例本來對台灣有利，可以順勢促成我方夢寐以求的台港司法互助，但蔡英文卻反向操作，將之和「一國兩制」相連，將選舉利益置於國家利益之上，一時之間固然使得聲勢上揚，但將香港的今天喻爲台灣的明天，卻是不倫不類。

一九八四年八月鄧小平接見香港代表團首度提出的「一國兩制」，指的是「在中華人民共和國內，十億人口的大陸行的是社會主義制度，香港、台灣實行資本主義制度」，表示是項宣示，是爲即將回歸大陸的香港量身訂製，以「港人治港」安撫人心對回歸的恐慌。如今蔡政府將之強加於具有主權地位的中華民國，除了讓人質疑國安團隊的水平外，無意中也暴露了認同回歸的矮化心態！

中華民國是主權國家，根據憲法第四條，香港是我國固有領土，現實上香港只是中華人民共和國轄下的一個特別行政區，台港豈可相提並論？人們好奇，爲什麼蔡英文任總統時，習近平正式啟動促統的「一國兩制台灣方案」？爲何民間開始出現亡國的恐懼？現在提出「今日香港即明日台灣」的說法，豈不正好落實名爲守護實則嚴重折損的弔詭？

其次，當前兩岸只有嗆辣沒有互信，聯繫中斷、網民互槓，沒有對話只有對抗，關係正逐漸掉向不可測的深淵。蔡英文在二〇一六年勝選後提出希望兩岸和解對話的四個「既有政治基礎」，其中之一，便是「九二會談的共同認知」，然而，現在爲了選舉，卻將「九二共識」等同「一國兩制」，切斷兩岸交流的基礎，兩岸何去何從？如何維持和平穩定？

選舉是一時，兩岸和平是永恆，「芒果蔡」攪亂一池春水，如何善後？

第二章

外交論壇

檢視蔡英文政府外交政策與作為的成效

歐鴻鍊／中美經濟合作策進會理事長

蔡英文政府的外交政策與作為，主軸是倚賴美國、友好日本、對抗中國大陸，三年多來成效如何？我們今天藉這個機會來檢視一下。

外交及對外關係主要包括三個領域：

第一個是國際空間，也就是國際參與。

第二個是與邦交國的友好合作關係

第三個是與無邦交國的實質關係。

我們現在就從這三個領域來探討。

國際參與

雖然美國、日本都一再重申要協助我們爭取更多的國際參與及國際空間，蔡英文政府三年多來，也使出渾身解數，充分配合、滿足美、日的條件與要求，但是，我們所看到的結果是，不但沒有爭取到新的國際參與或擴大國際空間，反而失去原先馬英九政府時期爭取到參與世界衛生組織大會，及國際民航組織年會的權益。

此外，在許多其他非官方性質的的國際會議上，也遭到杯葛、排擠。事實上，美國政府現在重回保護主義、孤立主義，任意退出包括聯合國教科文組織等許多重要國際組織、國際公約，撕毀國際承諾，美國在國際間的影響力、誠信及形象已經大幅滑落。而日本不但國力已經落居中國大陸之後，現在正積極爭取改善與中國大陸的合作、交流，其在國際間的影響力更是一落千丈，所以，美、日兩國即使有意願，但是，很顯然，並沒有能力可以協助改善我國的國際參與、擴大我國的國際空間。

其實，區域組織的參與，對我國國家利益的重要性，可能還超過國際組織的參與，在這一方面，蔡政府上任三年多以來，除了維持住原先我們已經參與的APEC及亞洲銀行之外，所有在亞太地區新發展、正在建構的區域組織，我們希望參與的努力，可以說是毫無進展或收獲，雖然，區域強權的日本信誓旦旦，要支持、協助我們參與CPTPP，但是到目前爲止，日本的影響力顯然不足以促成這件事情。而亞投行及RCEP是中國大陸主導的，蔡英文製造兩岸緊張關係，升高對中國大陸的敵意，我國參與上述兩個區域組織的可能性應該是零。以上是關於國際空間的部分。

與邦交國的友好合作關係

蔡政府上任三年多，已經丟掉七個邦交國，多屬我國邦交大國，目前人口超過一千萬的邦交國只剩下瓜地馬拉。馬英九政府倡議「外交休兵」，在任八年期間我們的外交預算每年下修，省下約八十億元的錢，拿來做國內的建設與發展。在兩岸「外交休兵」政策下，兩岸及國際社會都是贏家，蔡英文政府執意與對岸進行外交惡鬥，給予我們的邦交國極大的空間遊走兩岸，肆意敲詐、勒索。在外交惡鬥的政策下，唯一的贏家是遊走兩岸的小國，蔡英文捨棄三贏的「外交休兵」政策，卻採取只有一個贏家，而那個贏家不是我們的一個政策，完全不合理，也不合邏輯。

我們邦交國非常清楚我們的外交處境，在外交惡鬥的情勢下，我們的外交人員根本不可能進行有尊嚴的外交，在往後的日子裡，邦交國的敲詐、勒索是不會停止的，而且手段會更惡劣，以往敲詐、勒索，還是私底下祕密進行，但是，索羅門群島竟然一再透過媒體放話，最後還給一個禮拜的限期，這是公然敲詐，這種惡劣的先例，對我們其他邦交國必然會產生極大的負面效應。每次發生斷交事件，我們外交部都聲明不與對岸進行金錢競賽，那是完全不可能的，事實上，只要繼續採取「外交惡鬥」，金錢競賽不但不會停止，只會越演越烈，敲詐的金額也會越堆越高，我們的外交預算也會越編越高，這三年多來除了整體外交預算每年增加以外，機密預算更是馬英九卸任時的四倍多，非洲只剩下一個邦交國，我們對非洲的外交預算編列十幾億，可見一斑。

與無邦交國實質關係的發展

毫無疑問的，我國最重要的無邦交國就是美國，美國是我們最重要的友邦，目前，美國正全力與中國大陸競逐世界霸主地位，亟需有力的籌碼，而台灣牌正是在這個競逐中，美國最好運用、最能發揮作用的籌碼。蔡英文政府上任三年多以來，雖然美國行政部門對於台灣問題，立場一貫，總是用標準答案因應，但是，美國國會卻配合我國在美國雇用的公關公司的遊説，通過「台灣旅行法」、「國防授權法」等等，要求行政單位用行動積極協助我國國際參與及鞏固我國邦交，實際上，這些事美國政府已經在做，但是毫無成效，充分顯示美國國際影響力衰落的現實，這一個現實絕不會因爲國會通過幾個法案就可能有所翻轉，讓美國國際影響力突然提升。美國國會這一連串行動的目的很清楚，那就是要極大化台灣牌的價值。那麼，台灣得到的是什麼樣的交換利益呢？美國除了一心想賣他的牛肉、豬肉，把落後二十年的Ｆ－１６Ｖ以超乎尋常的高價賣給我們，大賺我們的血汗錢以外，ＴＩＦＡ的談判毫無進展。美國一再濫用台灣牌，一再爲自身的利益去踩中國大陸紅線，而其嚴重的負面後果，卻全部轉嫁到台灣，造成兩岸關係緊張，受害的是我們，不僅國際空間受到壓縮，國內的國防、經貿、觀光等等領域也都受到嚴重的衝擊。

而日本方面，我們代表處更改名稱，還得付手續費，台日關係已經淪落到日本政府連我們代表處的官方地位都不承認。還談什麼實質關係的提升。

此外，在馬政府時期還有七個代表處名稱是冠用「中華民國」，蔡政府上任後，這七個代表處全部被迫把我們的國名「中華民國」四個字拿掉。

蔡政府錯誤的外交政策、方向與作爲，除了讓我國陷入空前的外交困境，還造成以下許多嚴重的負面後果：

1. 主權的弱化

蔡英文總統不忘一再強調她捍衛主權的決心，但是，問題是，主權是需要國際社會的確認，不是你在國內喊喊口號就可以成就的，蔡政府三年多來，在國際參與、邦交國的維繫、無邦交國對我國國際人格事實上的承認等等，凡涉及國家主權的問題上都嚴重倒退，這說明了我國的國家主權已經被嚴重弱化，也證明了蔡英文總統所宣稱捍衛主權的努力，是徹底的挫敗。

2. 失去自主外交

蔡英文政府完全迷失在「美國可以救我們」的錯誤思維裡面，美國出兵海外，從來不是爲了維護他的籌碼，而是爲了搶奪、維護重要的戰略資源，台灣只是美國與中國角力中的一個棋子，絕不是戰略資源。尤其是，現在的美國政府強調美國優先，對外關係退回到保護主義，一切以美國利益爲考量，所以，一旦中國大陸動武，美國當然會救我們，但是，當然也不會派他的子弟兵爲我們送死，他的做法一定是優先賣我們先進武器，大發我們的戰爭財，但是，這樣救得了台灣嗎？更何況，台灣既然是棋子，哪一天用掉了，這個棋子就不再存在了。蔡英文政府甘心情願做美國的棋子，任其擺布，自主外交已經蕩然無存了。

3.我國重新成為國際社會的「麻煩製造者」

馬英九政府時期因爲主張兩岸「外交休兵」，贏得對岸的認同。因此，兩岸停止互挖牆角，而對於我國擴大國際空間，對岸也釋出善意，此外，兩岸經貿、文教、體育等各領域的合作交流，進行順暢，開啟了台海地區和平、穩定的新情勢，獲得國際社會的認同與肯定，我們也從「麻煩製造者」成爲「和平締造者」，是兩岸及國際社會三贏的政策。可惜，蔡英文政府上任後，因爲錯誤的兩岸及外交政策，台灣又成爲「麻煩製造者」。

4.蔡政府的南向政策徹底失敗，台灣國民淪為次等國民

蔡英文政府推動新南向政策，企業界所期待的是我國能與這些國家簽訂自由

貿易協定、投資保障協定等等，以便提高我們產品的競爭力，以及投資有所保障，結果，蔡政府一個協定也沒簽到，爲了有利於推動本案，蔡政還給了所有南向國家免簽待遇，其中，有若干國家卻不給我們免簽，我國國民竟然淪爲次等國民，令人感慨。馬英九政府時期，爭取各國給予我國免簽待遇，卸任時，給予我們免簽待遇的國家已經由阿扁時期的五十四個增加到一百六十七個國家。蔡英文政府上台後，反其道而行。連最起碼的免簽都爭取不到，更不要說，簽訂自由貿易協定，或投資保障協定了。

5. 濫用納稅人的錢

蔡英文政府爲了塡補陸客人數減少，乃積極爭取其他國家的觀光客，爲了衝高觀光客人數，以便用數據欺蒙老百姓，竟然用我們納稅人的錢去補助外國旅客，所以，蔡政府所公布每年觀光客人數，就算是增加了一些，那都是用我們納稅人的錢，堆高出來的數字，而這些外國觀光客在台灣的消費所創造出來的財富，反而減少，我們納稅人何其無辜！

6. 落實「外交休克」

馬英九政府提出「兩岸外交休兵」，民進黨用「外交休克」惡意批評、嘲諷，結果，馬英九總統八年執政最亮麗的政績，就是兩岸關係與外交關係的處理，完全落實「外交休兵」，受益的是全國老百姓。蔡政府提出「踏實外交」結果三年多來，兩岸關係及對外關係都陷入嚴重困境，不折不扣的落實了「外交休克」，而受害的也是全國老百姓。

以上所有問題的源頭，都是兩岸關係，所以，我在這裡大聲呼籲，蔡政府必須調整兩岸政策，認眞面對現實，務實處理。

國際政治結構與兩岸關係

何思因／淡江大學國際事務與戰略研究所教授

馬政府自二〇〇八年上任、二〇一六年卸任，在兩岸關係上建設斐然。除了和中國大陸簽訂了二十三個協定，二〇一五年的馬習會更是兩岸關係自一九四九年兩岸分治以來的里程碑。這些成就不僅是因爲政策供需，也是馬政府八年時的國際政治結構使然。從政策供需面來說，馬政府願意追求兩岸和解，對岸在民進黨執政八年後，也希望看到兩岸關係和緩。從二〇〇八—二〇一六的國際關係結構來看，美中兩國在九一一反恐及二〇〇八年世界金融危機的餘緒之下，都有意追求雙邊關係和緩。在這樣的情況下，馬政府追求和大陸和解，一方面有美國的支持與鼓勵，另一方面大陸也降低了台灣做爲美國馬前卒的疑慮，馬政府的政策供給才能順利遂行。

自二〇一六年起，兩岸情勢丕變。從政策供給面來說，蔡英文的民進黨政府本來就是以仇中反中作爲政策基調。明裡宣稱「維持現狀」是兩岸政策的基調，暗裡則往台獨方向移動，例如修改高中歷史教科書課綱、在官方論述中大量採用台獨的象徵符號及語意。也就是打擦邊球、走鋼索，只要不明火執仗宣佈法理台獨，蔡政府判斷大陸也不能眞拿台灣怎麼樣。大陸的做法則是在外交上更進一步孤立台灣，拔了我們七個邦交國，以前馬政府千辛萬苦敲門進去的國際組織又拒我國於千里之外。在商業上，壓迫跨國公司在它們的網站上，把台灣改成附在中國下的一省，大幅減少遊台的團客及散客。在軍事上，不僅軍艦及軍機跨過雙方默契多年的海峽中線，更有機艦穿出第一島鍊，在台灣東邊南下北上。在對台宣傳上，也是敵意日深，連大陸網民也對台灣採取了極爲敵意的態度。

不過自二〇一六年以來，對兩岸關係影響最大的因素還是美國與大陸之間的競爭。在歷史上，強權競爭是國際政治研究中重要的課題。從公元前四三一—

四〇四年的奔羅尼西亞戰爭（Peloponnesian War，由新興、想打破現狀的雅典挑戰想維持現狀的斯巴達），到第一次世界大戰之前的二十年新興的德國挑戰想維持現狀的英國，到兩次世界大戰之間，在西太平洋新興的日本挑戰想維持現狀的美國，到冷戰時期的蘇聯，這些都是國際政治上驚心動魄的大事（讀者如果有興趣，可參閱美國哈佛大學著名國際關係學者艾利森的《注定一戰？中美能否避免修昔底德陷阱》）。

美國的川普總統自二〇一七年年初上任以來，就以「使美國再次偉大」爲己任。他的觀念很簡單（從經濟學家看來根本就是錯的，例如紐約時報專欄作家也是諾貝爾經濟學獎得主Paul Krugman就經常撰文批評），就是實行保護主義，降低美國貿易赤字，保護美國工人工作機會。在這樣的觀念下，中國大陸就是美國最大的對手國。當然美國對其他主要貿易夥伴也施加壓力，這些主要貿易夥伴也是美國的主要盟邦，因此川普下手也還有些顧忌。例如川普想把「北美自由貿易協定」（NAFTA）給廢了，另外和加拿大、墨西哥談了個新的USMCA，但是對這兩國下手還是溫和。此外，川普對歐盟各國、日本、韓國、澳洲各國，雖然也是頤指氣使，但在貿易上，都是高高舉起，輕輕放下。

美國對中國大陸的下手可就不同了。從關稅戰打到科技戰，從科技戰可能還要打到資本戰。就關稅而言，美國對大陸輸美產品已課徵了四輪大規模的關稅。在科技戰上，美國對中國大陸的高科技公司，例如中興通訊、華爲，或者是禁止其產品在美國市場出售，或者是禁止美國高科技公司出售關鍵零組件給這些公司，或是禁止美國高科技公司授權大陸公司使用其產品（例如谷歌不再授權華爲使用谷歌開發的安卓系統）。美國政府也開始緩發簽證給大陸赴美留學生及交換學者，避免他們接觸美國的學術界，方便竊取工業機密。根據報導，美國已在考慮是否要將貿易戰擴張到美國的資本市場。中國大陸在美國上市的公司計有一百五十六家，據彭博社報導，美國已在考慮要勒令這一百五十六家公司下市，以斷絕大陸公司的美國資金來源。

美國對中國大陸的貿易戰，現在已逐漸浸潤到地緣政治的考量。一開始美國只要把中國大陸對美國的貿易順差降低，現在美國則是將中國大陸視爲一個崛起的、想要打破現狀、想要和美國一爭世界霸權的第二強權。美國現在形容中國大陸的關鍵字是「revisionist」，也就是指中國大陸準備「修正」世界秩序。這個字在美國的國際政治研究中，專門形容有心改變世界格局的那些國家用的。中國大陸既然被認爲是想修正世界格局的強權，美國當然要有地緣政治的對策。於是大而有印太戰略的提出，小而有對台灣、對香港政策的改變。要想了解美國對中國政策的改變，我認爲有以下幾個文件，是重要指標（當然川普跟中國大陸有關的推特發文也重要，不過他的推特發文爲數眾多，又不是經過整理的政策，因此我略過不提。）

- https://www.whitehouse.gov/wp-content/uploads/2017/12/NSS-Final-12-18-2017-0905-2.pdf。
- 美國副總統彭斯在二〇一八年十月四日，在美國智庫 Hudson Institute 的中國政策演講（https://www.hudson.org/events/1610-vice-president-mike-pence-s-remarks-on-the-administration-s-policy-towards-china102018）。
- 彭斯二〇一九年十月二十四日在 Woodrow Wilson Center 第二次中國演講

（https://www.whitehouse.gov/briefings-statements/remarks-vice-president-pence-frederic-v-malek-memorial-lecture/）。

- 美國國務院主管國際安全及非擴散的助理國務卿 Christopher Ford 在二○一九年九月十一日在國務院網站上發表的文章，「華爲及其他中國高科技公司對國家安全及外交政策的影響」（https://www.state.gov/huawei-and-its-siblings-the-chinese-tech-giants-national-security-and-foreign-policy-implications/）。
- Christopher Ford 同時發表的文章「美國的政府機構及反制策略：如何應付中國的挑戰」（https://www.state.gov/bureaucracy-and-counterstrategy-meeting-the-china-challenge/）。
- 聯邦調查局公佈的「中國對美國學術界的風險」（https://sponsoredprograms.virginia.edu/sites/sponsoredprograms.virginia.edu/files/FBI%20Bulletin_China_The%20Risk%20to%20Academia.pdf）。
- 美國貿易代表署二○一八年三月二十二日發表的對中國科技轉移，智慧財產權，及發明的調查報告（https://ustr.gov/sites/default/files/Section%20301%20FINAL.PDF）；及其補充報告（https://ustr.gov/sites/default/files/enforcement/301Investigations/301%20Report%20Update.pdf）。

從以上這些文件來看，美國確認了以下事實：

- 中國大陸是美國最大的競爭者，雖然還不是敵人，但已威脅到了美國的國家安全。
- 中國大陸的政治體制，使大陸「軍民合一」，公司及個人都受到國家管制，因此都會對美國都有可能形成威脅。
- 中國大陸的威脅係以國家支持的科技力量爲核心。
- 中國大陸能得到這樣的科技力量，是因爲國家支援的不公平貿易政策、不公平投資政策、不公平市場進入、不遵守世界規範、不遵守智慧財產權，使得大陸能得到先進科技。

• 美國因此必須協調重要政府各相關部會，以全政府的方式對付中國大陸的「軍民合一」，也必須協調盟國依美國標準行事。

以上這些對中國的政策思維，幾乎已成爲美國行政部門與國會、兩黨、智庫、學術界的共識。在這樣美中競爭的國際結構下，蔡政府的兩岸政策是「依附美國，對抗中國」。這個政策看似安全，也容易操作（反正只看美國臉色，完全不必管大陸怎麼想），但其實對台灣極爲危險：

• 當蔡政府對陸採用切香腸的方法搞台獨，大陸對台灣也用切香腸的方法搞軍事行動，而軍事行動如果沒有足夠互相了解的接觸規則，很容易擦槍走火，情況失控。

• 如果兩岸軍事情況失控，美國會馳援台灣嗎？我不認爲，一是美國現在未必能打得過中國大陸（見本書蘇起的分析），一是川普一心一意要將駐外美軍撤回美國本土。

• 川普的外交政策強烈反映他的商人性格，也就是他的外交政策有很大的交易成份在內。美國最近才出賣了中東庫德族盟友。揭發水門案的名記者Bob Woodward 在其近著《Fear: Trump in the White House》（二〇一八），就寫到在二〇一八年一月，川普在國家安全會議就問到「我們幫助台灣，究竟有何回報？」。

• 大陸方面，習近平如果追求第三任，必須在二〇二二年春季兩會時，獲得通過。但習要第三任，必須有足夠的功績，才會有合理性。共產黨政權現在執政的合理性有二，持續的經濟成長以及民族主義。持續的經濟成長因爲內部債務問題，現在不太可能了。習因此在民族主義上要有足夠的表現。蔡政府的作爲剛好讓台灣首當其衝。如果蔡在二〇二〇年連任成功，兩岸關係一定越來越嚴峻。

我的結論是當美中兩大強權競爭態勢越來越激烈時，台灣不管誰當家都更要走以前馬政府走過的路，也就是必須和中國大陸尋求對話。這個對話不僅攸關我們的國家安全，也攸關東亞地區的和平穩定。兩岸間的對話對美國也有極大的好處——美國毋須擔心被台灣拖下水，爲了台灣和中國大陸引起武力衝突。中美鬥爭日益加劇，兩岸有對話也降低大陸視台灣爲美國馬前卒的疑慮。美中關係好的時候，馬政府走了一條正確的路。現在美中關係惡劣，馬政府走過的路更是非走不可，這條路會越走越辛苦，但是爲了國家安全，再辛苦也得走。

蔡政府的外交挫敗、零邦交危機及外交和解轉機

劉志攻／前駐英國大使

馬英九總統執政期間，以九二共識啟動兩岸和解，開創對外關係與兩岸關係良性循環，不僅鞏固了我與邦交國關係，並且獲邀參與世界衛生大會（WHA）及國際民航組織大會（ICAO），免簽國家及地區由五十四個增加至一百六十四個。在雙邊關係上，我與新加坡、紐西蘭簽署自由貿易協定，台美在貿易投資架構協定（TIFA）下，最高層級的次長級經貿會議恢復舉行，美國閣員級與次長級官員相繼訪台，對台軍售高達二〇一億美元，美國國務卿柯琳頓（Hillary Clinton）公開表示台灣是美國的重要安全及經濟夥伴。除此之外，台日簽署漁業協定、台菲簽署漁業執法協定，確保我國漁民捕魚權益。至於我

與其他國家關係，無論簽署政府協議或參加政府間國際會議，都有大幅的成長。

蔡政府的外交挫敗

蔡政府上台後，背棄馬政府兩岸與外交平衡發展的政策，導致中華民國的國家地位、參與國際的空間及代表主權和尊嚴的國家象徵（如國名等），在國際社會不斷受到侵蝕和限縮，也使得確保我國主權獨立、維護國際人格、確保國家安全、經濟持續繁榮及保障自由民主的核心利益，受到空前的挑戰。

歐部長在引言中，業已列舉若干蔡政府外交挫敗的事例，包括我邦交國數目降至歷史新低、使用中華民國名稱的駐外代表處全部被迫改名、國際衛生大會及國際民航組織大會不再受邀、與重要經貿夥伴洽簽自由貿易協定及參與區域經貿整合毫無進展、新南向國家予我免簽待遇無一新增等，此與上述馬政府時期的外交成就對比，更可看出蔡政府外交挫敗的程度。如另以外交部的公開資料（如下頁圖表）觀察，復可更加了解過去十年來從馬政府至蔡政府我國國際關係的變化。

年度	邦交國數目	簽署政府協議數目	參加政府間國際會議數目	中共阻撓我國際空間事例
2008	23	52	252	26
2009	23	70	243	7
2010	23	44	280	7
2011	23	64	322	10
2012	23	66	213	10
2013	22	40	196	7
2014	22	36	210	6
2015	22	40	155	13
2016	21	36	176	18
2017	20	33	141	49
2018	17	39	170	55
2019 (1-10)	15	N/A	N/A	27

資料來源：https://www.mofa.gov.tw/Upload/RelFile/2540/110685/9d169dd4-d863-4230-9a2c-b1ded93efb30.pdf
https://www.mofa.gov.tw/Content_List.aspx?n=442A97CFB4A0C56C

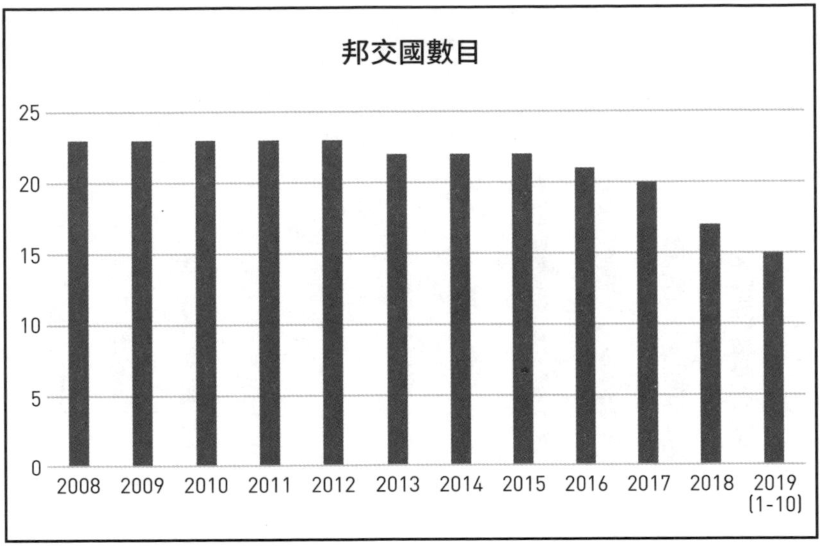
邦交國數目
25
20
15
10
5
0
2008
2009
2010
2011
2012
2013
2014
2015
2016
2017
2018
2019
(1-10)

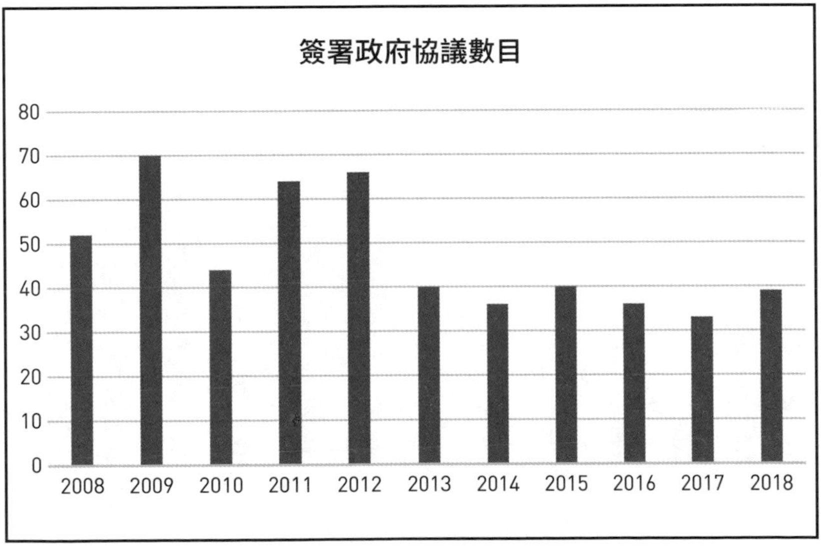
簽署政府協議數目
80
70
60
50
40
30
20
10
0
2008
2009
2010
2011
2012
2013
2014
2015
2016
2017
2018

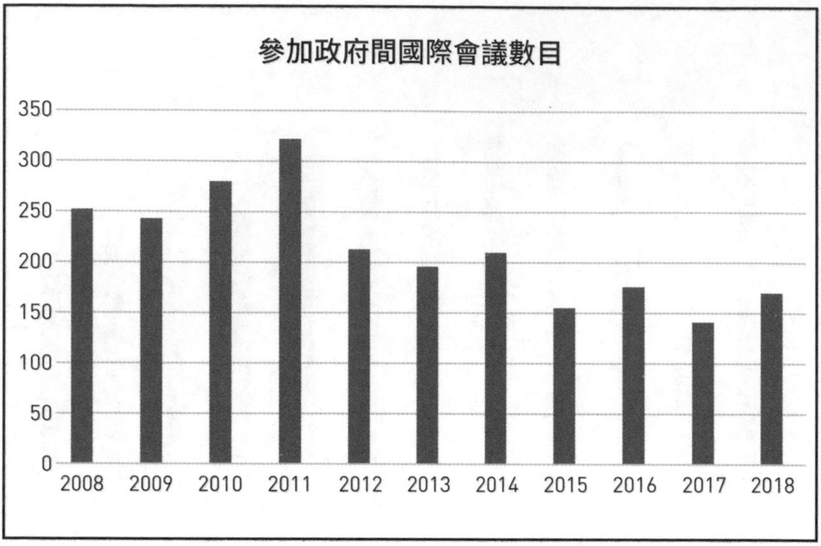
參加政府間國際會議數目
350
300
250
200
150
100
50
0
2008
2009
2010
2011
2012
2013
2014
2015
2016
2017
2018

中共阻撓我國際空間事例
60
50
40
30
20
10
0
2008
2009
2010
2011
2012
2013
2014
2015
2016
2017
2018
2019
(1-10)

上述資料顯示，我國對外簽署政府協議及參加政府間國際會議的數目，在蔡政府執政時期，均有呈現減少的現象，但是中共阻撓我參與國際空間的事例，卻從馬政府時期每年的個位數，暴增到二〇一八年的五十五例，矮化我國名的事例，大自數十家外國航空公司訂位網站及跨國企業網頁更改我國名稱，小至我留學生參與校內國際活動受到干擾，情況不一而足。

即便是蔡政府自詡的對美關係，自從川普執政後，美、中對抗日熾，美國國會頻頻通過《台灣旅行法》、《二〇一八年亞洲再保證倡議法》、《二〇一九年台灣保證法》等法案，這些法案形似友我，但實爲制中，尤其在美國行政部門無意落實下，這些法案的通過，對我而言，只是口惠實不至。反而對於衡量台美實質關係更具指標意義的美方閣員層級官員來訪、ＴＩＦＡ會議召開等，三年多來美方毫無作爲。因此，蔡政府執政以來的台美關係，相較於馬政府時期，事實上乃不進反退。

二〇二〇後零邦交的外交危機：蔡政府連任

如果民進黨二〇二〇年再度執政，並將勝選視爲民意對其四年來兩岸政策的認同與支持，因而或將更無意改變其未來對大陸的政策。北京評估此一結果，如認爲民進黨未來恐將在台長期執政，台獨思想將因此更加鞏固、台獨勢力亦將更爲擴張，長此以往，台灣問題恐將更難解決，習近平最早可能於二〇二一年中共建黨百年時，或最遲於二〇二二年中共二十大繼續連任後，改變對台政策方針及作爲，以圖扭轉此不利趨勢無止境之發展。

對我而言，首當其衝的，將是邦交的維護更加困難，因爲對中共而言，斷絕僅有十五個（或更少）邦交國對我的承認，從根本否定我之國家地位（statehood），將是成本最低、收效最大的反制台獨作爲。中共如以銀彈攻勢積極搶奪我邦交國，我恐將面臨雪崩式斷交潮及零邦交命運的危機。

1. 邦交國歸零在國際法上的意涵

由於聯合國僅接受中國只有一個，因此聯合國大會第二七五八號決議，基本上是將中國在聯合國組織的合法代表由台北改爲北京，也因此兩岸爭奪國際外交承認，本質上就是爭取中國的合法代表。當我仍獲國際外交承認時，即使只有少數幾個國家，但是在國際法上，由於這些國家承認台北代表了「中國」這個國家，也因此使我享有國家的地位；但是未來我一旦失去了所有國家的承認，等於使我從根本上喪失了國家的地位。在當前的國際社會中，非洲的索馬利蘭（Somaliland）是唯一無人承認的國家，當我邦交國數目一旦歸零後，將使我國際地位淪爲如同索馬利蘭般的政治實體（political entity），零邦交造成「去國家化」的後果，對於國家主權和尊嚴的維護，將是一大挫敗。

2. 邦交國歸零後台北的選項之一：宣布獨立

在國際法上，即使具備國家的要件（人民、領土、政府和對外交往能力），但仍須獲得國際的承認，才能取得國家的地位，因爲承認乃確認一個國家的法律存在，承認國接受被承認國是一個國際法主體，具有國際法上的一切權利與義務。因此在零邦交的情況下，我如要重新取得國家的地位，唯有對外明示宣布獨立，以爭取國際承認一途。宣布獨立後，無論是繼續使用中華民國，或是改稱爲台灣，同將使我面對中共動武的立即與明顯危險，此種分離主義（separatism）性質的獨立，亦將使我面臨來自聯合國大會通過決議或個別國家發表聲明表達不承認（non-recognition）的國際羞辱。國際不承認台灣獨立爲合法有效（legally invalid），除立即產生否定國家地位（status denying）的效果外，對我與無邦交國家關係的現狀，另將造成維繫難以爲繼的風險，包括我派駐機構、人員及其地位與待遇、雙邊官方交往關係、已簽協議的執行，甚至國人通商旅行的便利（如免簽證待遇）等，都可能面臨駐在國政府的檢討或改變，其結果並將危害雙邊現有實質關係的維持、推動及發展。

3. 邦交國歸零後台北的選項之二：重啟外交爭奪戰

兩岸邦交爭奪戰業已經歷半個世紀以上，過去我國雖得利於冷戰時代的兩極對抗，卻開始失利於東西方邁向和解。大陸現已成爲世界第二大經濟體，國際政治、經濟、軍事等軟硬實力與日俱增，而今日的台灣，不僅已無財力與大陸競奪外交承認，即使在應付現有邦交國的需索，有時亦感捉襟見肘。何況今日有些邦交國的外交轉向，已非全然爲大陸銀彈攻勢所致，而係受制於其國內政治的變化、爭取大陸投資貿易的利益考量，甚至國際政治因素的影響等。這些國家一旦與我斷交，我方閉館撤員後，不消數年，人脈殆盡，因此未來兩岸邦交爭奪戰即使再啟，不僅早已形移勢易，我方亦將力有未逮。

4. 邦交國歸零後台北的選項之三：經營實質關係

不被承認的政治實體，並不意味在法律上無足輕重（legal nullity），仍可以某種形式與其他國家或國際組織進行互動，在零邦交的情況下，只要台北不宣布獨立，我與無邦交國家經過多年實踐發展出的交往模式、我與無邦交國家所建立的實質關係，以及我民間的對外交往（如免簽證待遇），應該不會受到太大的影響，但是隨著兩岸關係緊張的升高，中共的壓力亦可能隨之增加，而使各國政府與我官方交往及民間交流更易受到中共的干擾，我國際參與的空間更將受到擠壓，外交處境也將更爲孤立，蔡政府規劃與新南向國家建立策略夥伴關係、爭取參與更多國際組織、加入如CPTPP與RCEP等區域經濟整合機制、以及爭取洽簽各類雙邊經貿協議等目標，全將淪爲空談，其結果將嚴重危害台灣經濟在國際的競爭力。

二〇二〇後兩岸和解下的外交轉機：國民黨重新執政

二〇二〇年國民黨如勝選再度執政，北京凜於未來兩岸關係可能因台灣政權再度輪替而生變，勢將把握國民黨再次執政的機會，致力推動兩岸政治談判，以圖建立不可逆轉的兩岸關係架構，二〇一五年馬習會成功舉行的前例，顯示習近平有可能再度展現彈性，在兩岸談判中務實處理兩岸分歧。

1. 新政府首在以九二共識恢復兩岸和解

對台北而言，台灣的最大安全威脅，在於北京失去對和平統一的信心、失去對和平解決的耐心及失去對台灣人民的寄望，國民黨執政當可扭轉此一趨勢，因此勝選後新政府的首要之務，自當以九二共識恢復兩岸和解，重建兩岸互信，以使兩岸於國際場域之互動，能夠恢復馬政府時期兩岸外交休兵默契，包括不挖外交牆腳、恢復參與世界衛生大會及國際民航組織大會等，其中穩定邦交攸關我國家地位的維護，更屬重中之重。

2. 新政府更大的挑戰為鞏固兩岸和解

兩岸關係和平發展過程，大致可區分爲三個階段：啟動和解、鞏固和解及和平解決。馬總統以九二共識開啟兩岸和解，執政八年期間推動兩岸和解並獲諸多成就，卻在二〇一六年政權轉移後一夕崩解，由此可見兩岸和解關係的脆弱性。因此新政府執政後，除了重啟兩岸和解外，所需面對的更大挑戰，將是鞏固和解，因爲唯有兩岸和解得到鞏固，兩岸關係的和平解決才有可能。在鞏固和解階段，雙方必須確認未來關係發展的共同願景，並就兩岸政治定位、兩岸國際參與、軍事互信機制、和平解決爭端等，建構未來兩岸關係發展的基本架構，以確保兩岸關係之發展，不受未來兩岸領導人更迭的影響。

3. 兩岸和解與外交和解不可分割

在馬政府時代，兩岸關係的緩和，增強了各國與我交往及改善關係的意願，擴大了我國際參與的空間，雖然我在維護邦交、參與國際組織等方面多有進展，中共對我打壓也稍有緩和，但是兩岸外交人員於大多數國際場域的交鋒，卻始終並未停止，究其原因，乃有關兩岸國際參與問題，在我「先經後政、先易後難、先急後緩」的政策下，終馬政府執政八年，始終未及處理。

兩岸和解與外交和解不可分割，兩岸不可能一方面和解，另一方面進行外交對抗，然而攸關外交和解的我方關切問題，包括維持現有邦交國關係、處理與無邦交國家政府交往問題及參與政府間國際組織等，其解決則須先行處理有關兩岸政治定位問題。

4.兩岸政治定位問題的解決

二〇一五年的馬習會，英國《經濟學人》稱此爲習近平對攸關主權的台灣問題所作之讓步，顯示馬習會最重要的政治意涵，乃是對於兩岸關係發展最爲關鍵及敏感的政治定位問題，在一個中國框架下，指引出未來兩岸有「相互承認治權」的可能。

「相互承認治權」的促成，首先，雙方必須確認國家統一應爲長期的發展過程，而其達成必須經由和平手段、透過對話，以及獲得人民之同意。其次，雙方必須正視現實，也就是北京必須接受當前分裂中國下存在兩個政府，而台北則須承諾以國家統一爲未來致力的目標。第三，針對兩岸對於一個中國表述的分歧和爭議，「中國」的去政治化表述方式，似可提供一個解決的思考方向。也就是說，在同意擱置主權爭議下，北京如公開表明「一個中國指的既非中華人民共和國、亦非中華民國」，台北應同意接受「世界上只有一個中國，大陸和台灣同屬中國的一部分」。

「相互承認治權」的體現，在國際法上，就是「一個中國、兩個政府」，對於承認台北的國家，台北是中國的合法政府，而北京則是中國的事實政府；對於承認北京的國家，北京是中國的合法政府，而台北則是中國的事實政府。在國際外交上，兩岸外交休兵因此可望成爲常態，在不構成「雙重承認」下，台北可與無邦交國家發展官方交往關係；在不構成「雙重代表」下，台北可以觀察員身分參與政府間國際組織及活動。

5. 處理兩岸關係的政策指引

當兩岸互動走入政治談判的深水區時，致力發展和諧的兩岸關係固然重要，但雙方的矛盾勢必在所難免，兩岸在處理關係發展方面，國父的三民主義理念似可作爲雙方意氣相通的政策指引：

- 民族主義：兩岸同屬一個民族，在處理對外事務時，兩岸必須顧全民族情感、民族利益及民族大義的大局。

- 民權主義：台北可做大陸發展民主的諍友，目的在爲和平統一創造兩岸心靈契合的條件，並在自由、民主、人權、法治等核心價值上拉近兩岸人民的距離。
- 民生主義：在經濟民生事務上，兩岸必須加強合作，相互提攜，共存共榮。

當兩岸和解順利開展後，面對美、中全面性對抗可能曠日持久，蔡政府反中、仇中、脫中政策遺毒及利用香港反送中事件製造「亡國感」等國內外情勢，新政府當可在「親美」、「和陸」找到平衡點，不介入國際對抗，平衡發展與各方友好與合作關係。對於習近平所提的一國兩制台灣方案，新政府雖無須呼應，但對於未來兩岸談判的台灣方案，則須未雨綢繆預作準備，執政後尤需加強國內溝通，爭取民意對兩岸政策的支持，避免香港反中抗爭製造社會動亂事件在台灣移植複製。

我國國際空間的本質、現況與未來

黃奎博／國立政治大學國際事務學院副院長

我國的外交有一個始終爭論不休、非常主觀的話題，亦即當國民黨或民進黨執政時，所謂的「國際空間」是否增加或縮小了。因爲民眾比較無法理解與感受「國際空間」的存在及其影響，所以給予有心人士操弄的空間；最常見到的，就是將一方執政時的「國際空間」視爲相對寬闊，而將另一方執政時的視爲愈走愈窄。本文基於此，將以較系統化的方式探討「國際空間」究竟應包括哪些可以實質觀察、檢測的內容，並由此衍生出以下幾個連帶問題：如何判斷國際空間增加了？影響國際空間大小的主因？「有意義的國際參與」（meaningful participation）的意義及其在國際政府間組織的實踐爲何？最後，本文概要檢視當前民進黨政府國際參與的作爲。

國際空間的主要內涵

一般提到的國際空間，多半係指（一）雙邊官方關係、（二）雙邊非官方或實質關係及（三）參與國際政府間組織（inter-governmental organizations）的方式及程度。其實，一國的國際空間至少還應包括（四）參與國際非政府組織（international non-governmental organizations）的方式及程度、（五）參與其他國際合作交流機制的方式及程度，以及（六）本國國民同國外民間社群互動的範圍。

以雙邊官方關係而論，自從中華民國政府於一九七一年退出聯合國後，此種關係幾乎都呈現不可逆的退步，唯有在李登輝執政時期，因爲國內外環境的配合，使邦交國數量由一九七九年的二十二個，一路上升至三十一。民進黨陳水扁政府採衝撞式外交，搶得三個但丟掉九個，其中包括中美洲最富庶的哥斯大黎加，導致邦交國只剩二十三個。國民黨馬英九政府時期，因爲「活路外交」與「外交休兵」（兩岸互不爭取對方的邦交國）奏效，所以只有在二〇一三年被甘比亞執政者賈梅片面斷交，而且中國大陸當局直到二〇一六年春才與甘比亞建交。民進黨蔡英文政府因爲不承認兩岸得以和平相處的政治默契（「九二共識」），所以中國大陸當局決定回到過去積極鬥爭的老路，迄二〇一九年十一月爲止，已獲得我國原先七個邦交國的承認，其中包括與中華民國建交超過百年的巴拿馬。目前我國的邦交數僅剩十五，爲史上最低。

在雙邊非官方關係方面，我國雖仍能與相對多數的國家保持往來，但最常見到的是對方對我國採取「政經分離」的態度，亦即政治上不承認中華民國與台灣，但在不傷及其與中國大陸關係的前提下，繼續經貿與其他非政軍的交流。所以往好的方面想，我國被迫採取多元發展的外交策略，但往壞的方面想，我國對外發展常常受兩岸關係的掣肘而一籌莫展。

我國參與國際政府間組織也幾乎是坐困愁城，除了少數未隨著退出聯合國而失去的席位，目前較爲世人所知的大概就是一九六六年參加的亞洲開發銀行（Asian Development Bank）、一九九三年參加的亞太經濟合作（Asia-Pacific Economic Cooperation）、二〇〇二年加入的世界貿易組織（World Trade Organization）等少數幾個。馬英九政府曾以「漁業實體」（fishing entity）的身分，加入了幾個區域漁業捕撈組織，也以觀察員或主席賓客的身分分別參與了世界衛生大會（World Health Assembly）和國際民航組織（International Civil Aviation Organization）。至二〇一九年底爲止，蔡英文政府僅於二〇一八年加入了國際醫藥法規協和會（International Council for Harmonization of Technical Requirements for Pharmaceuticals for Human Use，於二〇一六年二月馬政府任內先成爲觀察員）以及於二〇一九年成爲南印度洋漁業協定（Southern Indian Ocean Fisheries Agreement）的成員。

至於參與國際非政府組織，簡言之，空間遼闊、機會眾多，雖然從陳水扁政府時代便於外交部下設立輔導、協助國內非政府組織參與國際事務的任務編組單位（等同司級），但因爲資源不足、官民目標不一定一致等因素，再加上國際外交事務仍以政府單位爲要角，所以始終難以成爲外交工作的眞正主軸。

若論參與其他國際合作交流機制，其雖非如政府間國際組織般的結構嚴明，但在較重要的多邊機制中，仍容易受到政治因素的影響。譬如我國亟欲參加聯合國氣候變遷綱要公約締約方大會（United Nations Framework Convention on Climate Change Conference of the Parties），但因中國大陸當局抵制而始終無法得其門而入，至多僅在二〇一五年馬英九政府時，由環保署長以財團法人工業研究院代表團團長的身分，赴巴黎參加該機制的場外活動；在其他時期，我國環保署長根本被拒絕進入場外活動的空間。

最後，論及本國國民同國外民間社群互動的範圍，這很像前述的參與國際非政府組織及其他國際合作交流機制，空間遼闊、機會眾多，但少有策略性、系統性的組織安排，所以僅呈現出較為零散的民間外交或人民外交形式。

觀察國際空間的指標

前述六點可以作為觀察一國國際空間大小的重要面向，而其指標可置於國際主權（外交）身分地位以及民間參與國際事務的質與量兩部分。前者可再分爲兩大類，第一類是邦交或國際政府間組織參與的數量與頻率增加，第二類則是與非邦交國之間實質關係的內涵。後者主要係指民間參與國際非政府組織及其他涉外事務在數量及身分上的表現。換言之，不僅參與的量很重要，參與的內容（質）至少同等重要。

國際主權（外交）身分地位第一類的邦交問題已如前述，基本上已成守勢狀態，而在國際政府間組織則偶有成績。例如，我國原本無法參加國際民航組織，但經過向國際主流社會積極爭取，且成功使得中國大陸當局不公開反對，終於得以在二〇一五年以該組織理事會主席賓客的身分、以「中華台北民航局」（Chinese Taipei Civil Aeronautics Administration）爲名稱，出席在蒙特婁舉行的三年一度的大會，名稱雖仍不盡如人意，但就該案整體而言終於有所突破。相反的例子則是在亞洲開發銀行，我國雖是創始會員國，但亞銀當局欲片面更改我國會籍名稱，最後經過折衝協調後，被迫改爲「中國台北」（Taipei,China），英文名稱的逗號之後並未空格，技術性表示台灣與香港、澳門仍有不同，而且拒絕出席一九八六、一九八七年的年會以爲抗議，但自一九八八年以後，李登輝決定恢復出席，只是在每年都會在會議桌名牌旁另外擺放「抗議中」（Under Protest）的牌子以示不滿，這代表著參與的身分地位受到矮化。

國際主權（外交）身分地位第二類的非邦交國關係，一些人僅注意到美國對我國的態度，事實上，還有歐盟、亞太國家的態度也非常重要。美國是我國最重要的支持力量，自不在話下；歐盟代表歐洲國家或西方主流國家的經貿與道義支持，值得爭取；亞太地區爲我國所處之地，雖無任何邦交國，但經貿與人員往來異常密切，也不能忽視。此外，雙方交往關係的本質究竟是純功能性的，還是（相互）利用的，也必須加以檢視，但本文限於篇幅無法詳述。

至於民間參與國際事務，先提升數量是必要的，再來就要增進參與的質量。我國涉外事務部門與若干民間團體均有此認識，也逐漸透過參與的經驗與對國際社群的貢獻，在質的方面略有所成。例如慈濟、佛光山、路竹會等數個宗教或慈善團體，在國外賑災濟貧，已有所成；又如國人創華人之先，於二〇一四至二〇一五年擔任國際扶輪總社（Rotary International）社長一職，也是非常難得。

影響國際空間的主要變數

我國有些國際空間可以操之在我，但有另外一些必須依賴他方。準此，影響我國國際空間的主要變數可以分爲以下六個，其中三個可以大致操之在我，亦即（一）政府的政策偏好與選擇、（二）國內民意的認可及支持度、（三）我國自身實力或被國際所需要的程度；兩個勉強可說是既操之在我也必須依賴他方，包括（四）國際（主流）社群的支持、（五）中國大陸當局的默認或不反對，還有一個是（六）美國與中國大陸當局的互動及其對我國之影響，這個變數不太能爲我所控制。

本文將著重在勉強可說是既操之在我也必須依賴他方的兩個變數，以及最後一個美、陸互動的變數。在國際社群的支持方面，顯然多數國家都不希望因爲台灣而得罪中國大陸當局，所以希望台灣採取較爲婉轉的做法以一同參與國際事務，甚至有些國家站在中國大陸那一方，堅拒台灣參加重要的國際間政府活動。

以近年的實務操作而言，「有意義參與」國際組織應爲雖不滿意但勉強可以接受的做法。因此，較明智且穩健的做法是在爲穩兩岸關係的同時，愼選適當的國際組織相關作法，以減少中國大陸當局和部分國家對我國的疑慮。

在中國大陸當局默認或不反對的面向中，如前所述，兩岸關係的良性互動最爲重要，可以暫時讓中國大陸當局接受台灣有意義的參與國際活動。這是一個橫亙在我國國際參與的無情事實，在可預見的未來必是無法避免的一道關卡，如果台灣方面願意在此耕耘，應該比兩岸因爲硬碰硬或僵持不下而導致中國大陸當局加大對台施壓來得好些。

至於美國與中國大陸的互動，台灣政府較難置喙，但依常理判斷，如果美、陸關係愈好，又不到美國想棄台拉陸的時候，「有意義參與」變得相對可行，因爲美國應會支持台灣，而中國大陸當局應該不會鐵板一塊、寸土不讓。如果美、陸關係愈差，例如到了川普（Donald Trump）與習近平雙方經貿戰、科技戰的這個局面，「有意義參與」變得相對不可行，因爲即使美國想幫忙，許多實例已經指出，中國大陸當局有足夠能力阻擋台灣以任何形式、任何身分參與重要的國際組織與活動。下節將以參與國際組織爲例，討論近二十多年來，常被提出來的「有意義參與」。

有意義參與國際組織的定義及政策軌跡

自一九九〇年代中後期開始，美國逐漸形成助我國以適當方式有意義參與國際組織之說法。例如一九九八年十月十日美國眾議院的三三四決議案（H. Res.334 - 105th Congress）記載：「眾議院決議（參議院一致），國會的意見爲：（一）台灣及其兩千一百萬人應適當且有意義的參與世界衛生組織；（二）美國的政策應在世界衛生組織實行某些倡議，在符合該組織規定的情況下，讓台灣有意義的參與。」在實務操作上，美國政府的做法因案而異，而我歷屆政府逐漸接受此一用語。但在重返或加入聯合國案，李登輝政府便受到來自美國的壓力，與美國意見不合，因爲在當時美國政府常常不認爲我國的聯合國案是有適當且有意義的參與。

究竟「有意義參與」國際組織應如何定義，或者怎樣的參與國際組織才是「有意義」的？本文主張，「有意義參與」國際組織至少應包括以下其中一個條件：（一）能以勉強可接受且不隸屬於中華人民共和國的身分出席並進行國際社交活動（包括場邊會）；（二）能對國際組織做出實質貢獻；（三）能對我國的公共政策或者政府治理的改良有所回饋。

換言之，「有意義參與」國際組織通常要低調積極，避免觸及兩岸最敏感的主權爭議問題，又能提升我方國際形象或擴大我方國際交流的程度。此外，對台灣可長可久的發展而言，還要以「裡子外交」爲原則，雖然面子很重要，爭取與維護國家尊嚴人人有責，但裡子價更高，存在才有希望，在無法如己所願正式參加國際組織及相關活動時，以勉強可接受且不隸屬於中華人民共和國的身分擔任觀察員、主席賓客參與。

我國在陳水扁時期，於二〇〇二年一月加入世界貿易組織，但多數的努力早在李登輝時代便已完成，當時只是爲了遷就中國大陸當局尚未完成談判，致使我國正式入會的時程被迫延後成與中國大陸相同。至於聯合國案與世界衛生組織案，陳水扁政府曾因美、陸齟齬而獲得美方相當的口頭支持，但後來因不顧美方勸告，採取了較爲明顯的「一中一台」主張，所以更是處處碰壁，美國不甚支持，中國大陸當局則全力反對。

馬英九甫上台時嘗試了一次重返聯合國推案，其後均以推動加入聯合國重要專門機構爲主軸，並於二〇〇九年五月首次以「中華台北」爲名，以觀察員的身分，由衛生署署長率團參加世界衛生大會。

此外，我國以「漁業實體」身分於二〇一二年加入南太平洋區域漁業管理組織（South Pacific Region Fisheries Management Organization）、二〇一五年成爲北太平洋漁業委員會（North Pacific Fisheries Commission）會員。再加上前述應邀列席國際民航組織大會、加入世界貿易組織政府採購協定（Government Procurement Agreement）等例，可觀察出當時影響我國國際空間的主要變數均呈現有利之勢。

蔡英文政府的國際參與

蔡英文趁兩岸關係尚未冰凍之時，其衛生福利部部長於二〇一六年五月下旬循前例參與了世界衛生大會。當時世界衛生組織祕書處發出的邀請函中，加註了反映「一個中國原則」的聯合國大會第二七五八號決議和世界衛生大會第二五．一號決議，但蔡政府似刻意忽略，且蔡英文還稱這樣的代表團並沒有矮化國格的問題，與其所屬政黨在野時猛力抨擊馬政府同樣的參與方式是喪權辱國相比，顯然有昨非今是之感。值得注意的是，當時在大會發言的衛福部長從頭到尾均以「中華台北」自稱，而馬政府出席官員在大會發言時常用「台灣」自稱。

後來蔡英文無法管理或刻意疏遠兩岸關係，與習近平更無互信，所以兩岸關係回到曾經出現過的高度不確定，我國的邦交數目快速下降，蔡英文執政的前三年半，前後兩任外交部長分別丟失了三個及四個邦交國；碩果僅存的七個以「中華民國」或「台灣」爲名的駐外館處被迫更名爲「台北」；原本可以有意義參與的世界衛生大會、國際民航組織、聯合國氣候變遷綱要公約締約方大會，以及在規劃與爭取中的國際刑警組織（Interpol）等數個國際間政府組織，也無法如願。民間對外交流所受影響不大，但兩岸間曾經在國際組織中友好合作的案例少了很多，而中國大陸的民間組織要求台灣的組織更名爲「中國台灣（省）」的比例似已升高。

類此外交受挫，讓蔡英文信誓旦旦的「愛台灣、顧主權」變成失效的支票；中華民國的國際主權與地位，還有隨之而來的機會與權益，都因爲兩岸關係失調而更快的被剝奪。蔡英文政府棄「九二共識」又不思建立新的兩岸互動溝通之道，「新南向政策」實質進展極爲有限，且明顯的「一面倒」，希望能利用美國對台的友好態度抵抗中國大陸當局的步步進逼。習近平則關起協商大門，片面採取自己認爲對於統一大業有利的措施，軟的更軟、硬的更硬。情勢至此，台海兩岸已然逐漸走入關係的死胡同，而且就目前看來，台灣蒙受的損失遠高於中國大陸。

與此同時，蔡英文政府希望能利用美國以抵銷諸多外交挫敗的不利印象和影響。美國國會近年來利用台灣旅行法（Taiwan Travel Act）等法案表達對台灣抵抗中國大陸的支持，川普政府則常在口頭上褒揚台灣的民主自由，也因爲己身戰略利益的考慮而對中美洲、南太平洋易幟承認中國大陸當局的國家提出勸說或警告。美國是我國對外關係重點中的重點，但並非對外關係的大部分；有識之士不可偏視邦交關係、國際組織與合作機制、民間交流等等，因爲這同樣關係到國家的生存與發展。例如釣魚台、沖之鳥礁護漁受批不力、俄羅斯與沙烏地給予我國人簽證便利時的地方名稱分別是「中國台灣」和「中國（香港、澳門、台灣）」等重要涉外事務案例，對於宣稱「愛台灣、顧主權」的蔡政府而言似如芒刺在背。

可惜的是，蔡政府外交屢戰屢敗，不思轉圜之法，似意在激起國內反陸、仇陸的情緒，並將之轉化爲認同、支持民進黨的力量。所謂的「愛台灣、顧主權」，恐已淪爲虛無的口號或政治的迷幻藥。

除了把外交挫敗轉爲內部動員力量，蔡政府對於外交的思考，也有很明顯的「出口轉內銷」的傾向。例子之一是，二〇一九年三月，人口數約一萬的諾魯，其國會因爲蔡英文的造訪，特別通過決議案，在指涉我國時多以英文「Republic of China（Taiwan）」（中華民國〈台灣〉）爲之，但牽涉台海兩岸關係的文字則刻意僅以「台灣」呈現：「尊重兩千三百萬台灣人民之意志，堅拒『一中原則』與『一國兩制』之架構，反對中國對台灣之軍事恫嚇，承認台灣為一主權與獨立國家之事實，強化與台灣之實質關係，支持其參與各國際組織⋯，藉此表達諾魯共和國人民誠摯祝賀中華民國（台灣）社會持續蓬勃發展⋯。」所謂「承認台灣為一主權與獨立國家」等違憲文字非常可能是由蔡政府直接下指導棋，再由我駐地官員銜命與諾魯承辦官員協調而成的。如此以選舉為主要考量的安排，讓我國外交人員為誰而戰、為何而戰，以及友邦國家會不會因為被迫表態支持台獨而乾脆轉投北京政權等問題浮上檯面。這種選舉政治凌駕外交專業的事情，過去不是沒有發生過，但那次將兩岸外交戰變成統獨戰的「邊緣策略」操作手法很少見，遑論對於「愛台灣、顧主權」的實質助益造成反效果，導致更大的外交壓力，快速壓縮了我國主權空間。

結論

面對當前外交節節敗退、主權逐漸擠壓的局面，難怪有些人的亡國感油然而生。老生常談的暫時緩解之法是，除了穩定邦交關係以在國際場域為我正式提案、爭取美國等國道義上的口頭有限度支持，也要盡快創造和緩的兩岸關係，然後徐圖發展，重新恢復過去的基本互信與互諒。幻想中國大陸當局會放手讓台灣更自由的與邦交國和非邦交國發展關係、更積極的參與國際組織與活動，只會造成政策制定上更多的誤判。

台灣處於劣勢，必須理解與活用「存在才有希望、參與才有機會」的道理，以立場堅定、作法靈活的態度，廣結善緣、得道多助，才能勉強維持一些外交喘息的空間。民進黨在野時一味的批評前馬政府的外交作為，執政了之後同樣有若干西方國家與日本的口頭有限度支持，主要外交政策則幾乎都是「馬規蔡隨」，但國際空間就是愈來愈窄，可見兩岸關係惡化後的影響極大。民進黨政府不是不知道因為外交節節挫敗而起的亡國感，只是故意強調台灣退此一步別無生路，並不想從兩岸關係下手尋求暫時緩解之道。

未來如果台海兩岸官民在交流氛圍更好、互信互諒更足的情況下，爭取官民協調合作，立足台海兩岸、放眼周邊區域，讓中華民族互助互惠、互利共榮的紅利造福世人，那將會是全球及區域治理的一大正面力量。

第三章

國防論壇

兵者，國之大事

高華柱／前國家安全會議祕書長

孫子兵法有云：「上兵伐謀，其次伐交，其次伐兵，其下攻城。」從現今我國的國防策略來歸納，上兵伐謀就是和陸，和陸做得好，就不會牽涉到下面的壓力。其次伐交就是友日親美，其次伐兵就是有效的嚇阻，嚇阻不了才需要防衛固守──其下攻城。同一邏輯思考兩岸問題，若能和解、和平對話，就能減輕國防方面的壓力。

若兩岸關係處理不好，便連帶影響外交工作、持續斷交，失去「友善國際」的能力，只能繼續加強國防堅實。我國的國家安全就建立在兩岸、外交、國防所建構的鐵三角上，缺一不可，更何況我們現在的狀況是缺少了兩個要角（兩岸、外交）的防線，導致現今我國的國防壓力非常沉重。

國防各層面的政策，皆須好好發展下一步對策，畢竟沒有空防就沒有國防，沒有資安就沒有國安。而國防戰力又分成「有形戰力」與「無形戰力」，現在我們因爲國防壓力增大、過度強調「有形戰力」，卻缺乏對「無形戰力」的重視。以我國人口數下降造成的國安問題爲例，馬總統執政時曾在國安會召集各部會，探討如何增加人口的實際辦法。當時國防部結合陸海空三軍舉行「聯合結婚典禮」，目標湊合超過一百對伴侶，結果湊合兩百四十對，第二年續辦超過兩百四十對，第三年更超過三百對，且由總統主持婚禮。「結婚是手段，生小孩是目的」，透過這樣的努力，讓國防部在壓力不大的時候，發揮國軍的「無形戰力」，協助解決國安問題，而非統計有多少軍人同性參加聯合婚禮，列爲重點。

國防工作的另一項重點，在於檢視建軍政策是否正確，建軍的目標爲了國家安全，若建軍與備戰方向錯誤，將置國家於危險之處。一八九九年，高舉白蓮教旗幟的義和團打不過洋槍洋砲的八國聯軍，就是建軍、用兵錯誤最簡單的例子。一九三九年九月一日，德國發動閃電戰，德國裝甲部隊在其空軍的掩護下進軍波蘭，波蘭的建軍策略仍停留在上一個世紀，以騎兵師對抗德國坦克，毫無反擊能力。七十年前的古寧頭戰役，共軍以秋風掃落葉之姿拿下廈門，志得意滿以為金門一口氣就能奪到，卻料想不到金門有坦克車拋錨在沙灘。共軍判斷錯誤加上當時我軍佔有海空優勢斷絕敵方後援、聯合作戰，輔以部隊士氣、民心等無形戰力，阻止共軍犯台。回顧歷史，所謂逢九必亂，但必亂不外乎天災、人禍、戰亂，能否從中分析勝敗原因，作為建軍政策的參考，才是執政當局應該重視的課題。

我曾經在許多國際會議與外交場合上，遇到獨派大老向我提議應該恢復徵兵制，我提醒對方，兵役的改變起源自陳水扁總統將服役兩年期改為十個月，若要恢復舊制就改回兩年兵役，甚至學習以色列也讓女性服兵役，對方當然啞口無言。因為兵役的調整在現實上十分麻煩，這不過是政客操弄選票的議題，而國防政策中，最怕政治影響專業。今天為什麼在輿論上流行起「芒果乾」？所謂「亡國感」從何而來？這是過去馬政府執政時期沒有過的感受。我們希望大家能趁此機會，平心靜氣思考過去與現在的國防工作有哪些改變？國防預算是否被浪費、造成軍備競賽？發展不對稱戰力是否爲我國建軍政策的共識？航太、衛星、資訊通訊等國防資安政策有沒有持續進行？無論哪個政黨執政，這都是必須面對的議題，也是大眾找出「哪來的芒果乾」時必須了解的前提。

馬英九政府國防施政建樹

林郁方／國家政策研究基金會 外交及國防組召集人

馬英九政府在國防施政方面的建樹，可說是成績斐然。不僅在建軍備戰方面絲毫沒有鬆懈，甚至有許多成就；更難能可貴的是，馬英九政府多次成功運用國防武力來支援主權維護與外交談判，並順利達成目標。

啟動潛艦國造

美國小布希政府雖然於二〇〇一年宣布軍售八艘潛艦給我國，但由於「九一一事件」後國際局勢的轉變，加上美國已數十年未生產傳統潛艦，華府對軍售我潛艦乙案因此轉趨保留，本案遂形同遭美方變相擱置。

在與美國交涉多年，卻始終只得到「還在跨部會審查」的答案後；馬英九政府決定透過國造方式籌獲潛艦。海軍司令部遂從一〇三年起開始推動「自製防禦潛艦」計畫，國防部也依林郁方立委建議，自一〇三年起分年從「國防工業發展基金會」撥款約一億四千萬，執行「潛艦國造關鍵技術整合型研究計畫」，對各項裝備與材料的籌獲可能性進行分析，並數度組團前往國外尋求技術協助管道。

事實上，在一〇三年的國外訪查結束後，我方已得出十二大項需採購國外裝備的項目，其中十一項需輸出許可的結論，也替這些需要輸出許可的裝備規劃至少二家的商源。

馬政府在積極籌備潛艦國造相關事宜的同時，也成功說服美方逐漸改變不支持我國國造潛艦態度。最明顯的例證就是，美國海軍軍令部長葛林奈特（Jonathan Greenert），在一〇三年九月華府智庫的研討會中，公開表示「已就潛艦國造案與台灣官員進行討論」。

在馬政府的努力下，國防部於二〇〇四年下半年完成潛艦國造案的規劃，並向立法院送出約三十億的「合約設計」預算案；計畫從二〇〇五年至二〇〇八年進行「合約設計」，以「產出潛艦藍圖與圖說」，並獲立法院審查通過。

推動國艦國造

除推動潛艦國造外，馬英九政府也積極推動國艦國造，例如採取雙船體穿浪設計，噸位小卻火力強大的「沱江軍艦」原型艦，在馬政府的支持下，於二〇一一年十一月開工，二〇一三年十二月二十三日交艦。此外，滿載排水量達兩萬噸的「磐石號」油彈補給艦也在二〇一一年十二月開工，二〇一四年一月二十三日交艦。

在時任海軍司令陳永康上將的推動下，也在二〇一三年一月公布「未來十五年兵力整建願景」，包括二艘兩棲船塢運輸、十一艘沱江級雙體飛彈快艇、十到十五艘級中型巡防艦（推測兩千噸級）、四艘配備先進防空系統的驅逐艦。又緊接著在一〇三年九月公布「未來二十年造艦計畫」，包括四艘配備先進防空系統的萬噸級驅逐艦、十到十五艘三千噸級巡防艦、兩棲船塢運輸艦，以及四至八艘柴電潛艦，全部計畫在國內建造。此一規劃在一〇五年政黨輪替後，民進黨政府對其中部分內容進行調整後，繼續執行。

軍事投資預算，蔡政府迄今仍未超越

其實，馬英九政府任內雖然兩岸關係和緩，但對國軍的建軍與備戰工作仍舊非常重視，特別是在新式武器的採購與研發方面。例如民進黨政府所編、最新的一〇九年國防預算中，用於武器採購與研發的「軍事投資」預算，編列數爲九百六十億元；雖然比一〇八年的編列數略爲增加，但仍然比馬英九政府所編最後二年（一〇四年與一〇五年）的「軍事投資」預算編列數，分別減少十七億元與二十三億元。

|表一| 104 年至 108 年國防預算與軍事投資預算編列情形

年度	104	105	106	107	108	109
軍事投資預算編列數	977 億	983 億	880 億	858 億	951 億	960 億
說明	馬英九政府編列		民進黨政府編列			

|表二| 108 年軍事投資與作業維持預算總額甚至不如 97 年

108 年軍事投資與作業維持預算合計數（1）	97 年軍事投資與作業維持預算合計數（2）	差距數（3）＝（1）－（2）
1846 億	2028 億	-182 億

更值得注意的是，民進黨政府一〇八年國防預算編列數雖高達三四六〇億，較以往最高的九十七年度「法定預算數」三三四〇億元，增加了約一百二十億；但扣除人員維持及其他費用，可用於「作業維持」與「軍事投資」的預算合計僅約一八四六億，比九十七年的二〇二八億元，反而減少了一百八十二億。

這意味著，在兩岸政治氣氛嚴峻，共軍持續升高對台灣武力威嚇的情況下，民進黨政府所編列的國防預算中，與國軍提升戰力，維持高度戰備水準最密切相關的「作業維持」與「軍事投資」的預算額度，反而趕不上十一年前的水準。

強化國軍聯合制壓作戰戰力

在穩定、改善兩岸政治關係的同時，馬政府也低調、穩健地強化國軍的聯合制壓作戰戰力。重要措施包括批准進行「雄風二E」巡弋飛彈量產、完成空對面「萬劍彈」的研發並進入量產；並完成第一批七十一架「經國號」戰機的性能提升計畫，又賡續推動第二批五十六架的性能提升。使所有的「經國號」戰機都具備發射「萬劍彈」的能力。

提升華美軍事交流

馬英九政府在改善兩岸政治關係的同時，與美國間的軍事交流也蒸蒸日上，甚至獲致許多突破性的進展。具體例證包括：

- 九十八年八月莫拉克風災，美軍兩棲船塢運輸艦「丹佛號」所搭載二架MH－53E直升機及二架MH－60S直升機進入災區救災。此係華美斷交、美軍撤離後，美國軍機首次以人道援助名義，登上台灣土地。
- 九十八年十二月十四日，國防部接受立法委員林郁方的建議，製作並頒贈「八八水災救災紀念章」給美軍救災代表。
- 一百年九月二十一日，美國同意協助我國進行一百四十五架F－16A／B戰機性能提升，總金額高達五十八．五億美元。也替一〇八年美國同意出售F－16 C/D Block 70戰機奠定基礎。

- 一〇一年十月二日，美國國防部在網站上主動公布時任國防部副部長楊念祖前往五角大廈時，拜會美國國防部副部長卡特的照片。
- 一〇二年，美夏威夷州國民兵少將司令黃達民（Darryll Wong）獲美方同意訪台。
- 一〇四年六月四日，AIT在臉書上公布參謀總長嚴德發與海軍司令李喜明，出席五月二十七日美軍太平洋司令部新任司令交接典禮的照片。

捍衛南海主權

在改善兩岸政治關係，並同時提升華美關係後，使馬英九政府更能有效地捍衛國家主權。例如南海主權維護方面，馬英九政府任內就有下列建樹：

- 一〇一年八月十日，派遣海軍運送四門120迫砲與四門40高砲前往太平島，強化島上防衛能力。

- 一〇一年九月九日，派遣海軍運送四門120迫砲與四門40高砲前往東沙島，強化島上防衛能力。
- 一〇二年七月二十九日，核定南沙太平島碼頭新建工程新台幣三十三億元預算，由海巡署分二年編列，預計在一〇四年年底前，完成碼頭新建工程，完工後能讓三千噸級的船艦靠泊。
- 一〇三年四月十日，海軍編組包括登陸艦、成功級巡防艦和康定級巡防艦在內，多達六到七艘的強大艦隊，裝載營級的陸戰隊特遣隊，攜帶建制的重型迫擊砲與反裝甲火箭，前往太平島進行「衛疆計畫」的實兵、全裝、全程演練。

除了強化防衛能力，展示維護主權的堅定決心外，馬英九政府也著手進行南海資源的調查工作，以具體伸張主權。主要措施包括：

- 一〇〇年四月十八日，經濟部核准台灣中油公司「新劃定太平島新礦區」之探礦權。包含太平島及鄰近一百海浬範圍海域，總面積十三萬七三八一平方公里，有效期限至一〇四年四月十四日止。
- 一〇二年六月中旬，「海研五號」在海巡與海軍艦艇戒護下，挺進南沙太平島，完成水深四三三〇公尺的探測。
- 一〇二年十月七日，台灣中油公司「南海測勘團隊」十位專家，搭乘「旭海號」船塢登陸艦，登上太平島執行陸上探勘。
- 一〇四年一月二十八日，經濟部核准台灣中油公司「太平島新礦區」之石油與天然氣探礦權展延二年，至一〇六年四月十四日止。

保護漁民

馬英九政府任內，在維護漁民權益方面更是不遺餘力，且都能以軍力作爲國家政策工具，結合外交談判等其他手段，達到保衛漁民權益的目標。具體例證包括：

- 九十七年六月，我國海釣船「聯合號」遭日本保安廳公務船撞沉，爲支援對日談判，國軍原擬出動巡防艦前往釣魚台附近海域巡弋，後因日本態度軟化，答應賠償而取消。
- 一〇二年五月十六日，爲要求菲律賓妥善處理廣大興二十八號漁民遭射殺事件，國軍出動基隆級飛彈驅逐艦一艘、康定級巡防艦二艘、四架空軍戰機及一架預警機，與海巡署舉行「護漁聯合軍演」，並南下越過北緯二十度「暫定執法線」。在馬英九政府的強力交涉下，菲律賓最後答應道歉、賠償及緝凶。
- 一〇五年四月二十五日，琉球籍漁船東聖吉十六號在沖之鳥礁附近公海作業時，船長被日本海上保安廳押上公務船。馬政府除立刻指派海巡艦艇前往護漁，也派海軍「康定級」巡防艦在適當距離外掩護支援。在馬英九政府的強力交涉下，日本隨即在五月五日將船長釋回。

成功救回被大陸關押之情報官員

軍情局上校朱恭訓和徐章國，於九十五年五月在越南與大陸邊境，遭大陸情報單位綁架進入大陸，被以間諜罪處無期徒刑，後減刑為十八年。

當時的陳水扁政府對營救朱恭訓和徐章國，可說是束手無策。馬英九政府則展開低調卻積極的營救工作；經過綿密、持續不斷的溝通與談判後，朱恭訓和徐章國終於在一〇四年十月十三日自廣西獲釋，返回台灣。

結語

軍隊的功能和價值，不應侷限於戰場。在承平時期，它可以成為政府處理對外關係的重要資源。從廣大興號、聯合號和沖之鳥礁等事件上，可看出馬英九政府對軍隊的使用，遠比蔡英文政府積極和聰明。

兩岸總體戰力差距不小，中華民國無法僅依賴軍隊來維護國家安全，必須強

化與美、歐、日等大國之關係，尤其必須構建穩定的兩岸政治溝通管道，才能長治久安。

較諸馬英九政府的國安政策，蔡英文政府顯然刻意忽略兩岸關係是影響台灣安全的最重要因素。

建構台海和平穩定戰略，打造國軍不對稱戰力

楊念祖／淡江大學國際事務與戰略研究所助理教授

台海和平穩定戰略的三大支柱

馬英九總統於二〇〇八年五月二十日接任中華民國總統，隨即提出「不統、不獨、不武」，以及「和陸、親美、友日」兩項非常重要的施政戰略構想；立即獲得陸方與國際社會一致的肯定與支持。這兩大重要的施政戰略方針，也成爲馬總統執政八年對維持台海週邊和平穩定，最重要的貢獻。

由於這兩項重要的戰略支柱，成就了維護西太平洋地區「戰略穩定」

（Strategic Stability）最具貢獻的泉源。來自於冷戰時期，美蘇兩大核武強權進行核武競爭，爲了避免雙方誤解，與誤判，啟動核武攻擊，造成相互保證毀滅（MAD），以及禍及人類浩劫的全球性災難，美蘇兩強啟動對話協商，建立互信，進而推動簽訂裁滅核武條約，以及削除中程核武導彈條約（INF），以維護世界長期的和平與穩定。因此「戰略穩定」，成爲國際間致力於消除製造不穩定因素最終之目的。台海兩岸長期以來存在戰略不穩定的狀況，因此，馬總統提倡的「不統、不獨、不武」，以及「和陸、親美、友日」遂成爲形塑台海週邊以及西太平洋地區，戰略穩定最重要的貢獻。

另一項維護台海戰略穩定的重要支柱，就是馬總統提倡的兩岸在「九二共識，一中各表」的基礎上，儘速推動兩岸恢復制度化的互動與協商，避免誤解與誤判，促進互信，建立共識，進而推動簽訂兩岸和平穩定交往，互利雙贏，助益兩岸人民福祉的各項務實協議，這與美蘇簽訂裁滅核武與中導條約，完全一致。

國軍也就是在這台海週邊大環境戰略穩定的架構下，才能穩健有效的推動重要的軍事改革，建構強化自我防衛的不對稱戰力，捍衛中華民國的生存發展，以及保護人民生命財產的安全。

打造國軍不對稱戰力，建構我國堅實的國防

在馬總統執政八年期間，國軍秉持馬總統的國防政策，有系統有效率的推動國軍各項重要的改革，並以打造國軍堅實的不對稱戰力，以及強化三軍聯合作戰爲主要目標，以下依序分析達成國軍建軍備戰目標的重要作爲。

1. 以小搏大、以少勝多、以精制強

國軍依據此一原則，積極推動建立不對稱戰力爲基礎的三軍聯合作戰的實力。基於確實研判台海週邊軍事安全形勢的變化，以及掌握明確敵情的威脅與挑戰，依據國軍建軍備戰打、裝、編、訓的原則，嚴格檢視符合不對稱戰力三軍聯合作戰目標的現行各項作爲，並以創新思維，落實以小搏大、以少勝多，以

精制強的建軍備戰目標。在這個關鍵性的建構不對稱戰力的過程中，國軍也與我國最重要的軍事合作伙伴美國國防部，建立建構國軍不對稱作戰戰力的新型對話與討論架構平台，這是我美軍事互動與合作有史以來不曾發生的新機制，也是因為馬總統對於創造西太平洋地區戰略穩定的重大貢獻，美方願意傾聽我國軍對於建構創新不對稱戰力的構想以及相關具體作為，並經過反覆的討論和務實的兵棋推演驗證，尋求符合國軍不對稱作戰戰力需求的共識，作為美方後續提供與我國軍軍事合作項目的指導藍圖。這項我美創新不對稱的討論機制，對於國軍建構以小搏大、以少勝多、以精制強的不對稱戰力，具有重要貢獻。

2. 依據作戰需求，調整兵力結構，合理有效資源分配

由於國軍此一時期的建軍備戰的主要目標是積極建構不對稱三軍聯合作戰的戰力，無論是國軍的自行研發自製的先進武器系統與裝備，或是無法自製必須外購的先進武器系統與裝備，均達到了前所未有的籌獲與列裝部隊的高峰期，例如陸軍的旋翼機隊，海軍的反潛機隊與新型飛彈艦艇，以及強化空防的防空飛彈系

統等，均是重要的符合不對稱戰力的武獲需求，這些先進精密的武器系統與裝備的獲得，需要有務實精確的後勤補保的專業制度與作業系統支撐，才能發揮有效的不對稱戰力。爲此目標，在部長與總長的規劃與指導之下，國軍亦推動重要的兵力結構調整作爲，以符合先進聯合防空，聯合制海，聯合反登陸自我防衛作戰的戰力養成的目標。在調整兵力結構的過程中，不斷的反覆實作驗證，修正準則綱要，檢討演訓成果，強化官兵專業與經驗，以符合不對稱作戰的戰力需求。在這重要的國軍轉型過程中，最爲艱鉅的挑戰就是資源的獲得與合理有效的資源分配。由於國家整體的經濟狀況仍然受到內外環境不斷的挑戰，國防建設所需的資源分配受到限制，國軍必須在資源獲得與合理有效分配方面要有創新作爲。例如我空軍需要籌獲強化制空權的新型戰機，而唯一可以提供我新型戰機的國家就是美國。經過多年無數次與美方反覆交涉，美方總以我方國防預算編列不足，無法證明我方有需求的決心而猶豫不決。由於美方對此需求毫無定論，我方遂於多次與美方國防部高層互動的過程中，以新的論述說服美方。我方強調，在過去我方向美方提出軍購需求，也編列年度國防預算展現我方決心，然美方因政治考量遂未同意軍售，以致軍購預算回繳國庫，致使往後編列相關預算難獲立法院支持。我方於是向美方提出要求，不如由美方就我方提出的軍購需求，主動進行相關的跨部會行政協調程序，並經總統核定送交國會行使同意權，並且在美方密集作業的過程中，與我方國防高層保持密切溝通與合作，掌握美方行政作業與國會討論的時程與進度，並由我國防部呈報馬總統與行政院，以同一進度編列軍購預算並送立法院決議。此一建議立即獲得美方國防部、國務院與國安會高層的同意與支持。雙方密切合作的結果，促成了二〇一一年年底美方同意我方F16／AB升級案的需求，不僅達到了我方合理有效資源分配的目標，也達成了我空軍籌獲新戰機，掌握制空權的建軍備戰目的。

3.推動組織調整，精進人才專業，強化聯戰演訓

在馬總統執政八年期間，有關強化國軍建軍備戰的另一項重要的任務，就是修訂提升國軍建構不對稱戰力的相關法律，也就是大家耳熟能詳的「國防七法」。國軍推動相關改革，不僅要依法行政，更要獲得民眾與立法院的支持。

在推動修訂法律的過程中，有許多是前所未有，提升不對稱戰力的配套措施，例如：兵力結構的組織調整，施行募兵制的配套措施，士官兵待遇與福利的調整，以及行政法人化的相關法律制訂等不一而足。經過三年多不斷的進行跨部會協調，與立法院相關委員會委員的溝通與協調，終於二〇一二年初由立法院通過「國防六法」的修訂，並呈馬總統頒布施行，由於國防六法的通過，國軍才能依法持續推動改革與不對稱戰力的建構。在馬總統八年執政期間，國軍對人才專業的培養與培訓亦達到前所未見的高峰。隨著高新武器裝備的獲得，專業人才的培訓更加頻繁密集，尤其是高端專業人才赴美培訓更是歷來人次最多，有效提升國軍先進作戰經驗的專業技能。這些重大且重要的基礎建設工作，充分反映在國軍年度「漢光演習」以及三軍各項年度聯合作戰演訓的精進作爲之中。

結論

馬總統執政八年期間，由於提出了具備創新、前瞻以及高立足點的戰略指導，爲西太平洋地區創造了戰略穩定，深獲國際好評與肯定，並且爲台海周邊的和平與安全，找到了平衡點、立足點與實踐點。中華民國國軍在馬總統的領導與強力支持下，依序推動重要且複雜性高的改革，強化不對稱戰力的建構，使國軍不斷與時俱進的現代化並獲得美方高度的信任與積極合作。誠如前美國國防部長卡特（Ash Carter）親口表示，馬總統執政期間，我與美國之間的軍事合作是最佳境界（best ever）。物換星移，馬總統交棒蔡英文總統的三年多來，台海又恢復到戰略不穩定的狀態，我國民眾現有「芒果感」的焦慮，何以致之？大家心知肚明。

資安即國安應有的作為

袁桂笙／前國家安全會議諮詢委員

引言

回首從前，我生平第一次接觸電腦，是民國六十一年在國防部服務的時候，當年國防部採購了一套大型電腦ＩＢＭ 370/145，這個電腦有多大呢，它的中央處理器ＣＰＵ每一秒鐘約可以執行近三百萬個 32Bit 的指令，它起始安裝的記憶體有１２８Ｋ，一Ｋ是一千個位元，它有四個磁碟機，各有69ＭＢ的容量，一個ＭＢ是一個百萬字元。拿現在的手機來做一個對比。市售中階以上的手機通常它的記憶體大概是從４ＧＢ、６ＧＢ開始起跳，一個ＧＢ是一千個百萬位元，它的儲存容量通常有64ＧＢ、128ＧＢ、256ＧＢ的選項，它的ＣＰＵ晶片，其效能多半是以Ｇ為單位，也就是說現在中階以上的手機，幾乎都超過了民國六十一年國防部大型電腦的一千倍，白話一點的說，超過當年一千倍的大型電腦，現在是人手一機到處趴趴走。個人運用是如此，而一個現代化國家，它在涉及民生福祉、社會安定、國家安全等關鍵性的領域上，對資訊系統的依賴度，更是非常極其普遍且深入的，但是一旦失能，它的影響也是極其巨大而可怕的，所以近二個世紀以來，人類文明最偉大的進程，其實是資訊科技的應用。

網路及資訊在第五空域的主權概念

幾乎所有先進的現代化國家，無論是在能源、醫療、金融、交通、資通訊、政府、公共供給及製造等，這些涉及關鍵資訊基礎建設的領域，都極其依賴資訊系統的運作，一旦這些資訊系統被惡意攻擊癱瘓或者失效，那麼它造成整個國家在運作上的危害是顯而易見的，也因此這類關鍵性資訊系統的防護，很自然的就提升到必須以國家力量來防護的等級，更進一步言，在攻防一體，互為表裡下，所有先進的國家把網路領域當作領土、領海、領空、太空之後的第五空域來防護並建立戰略攻擊能量，是滿普遍的事實。

網路及資訊戰的特性

網路及資訊戰當然是一個非傳統戰爭的形態，這個形態裡面有幾個非常簡單的特性，比方說「隱而不顯」，當兩個敵對國家派出一個有形的軍事武力侵入到對方的時候，不止是顯而易見也很容易來定義，但是網路戰，就不是這樣，它是先期由偵測、漏洞或人性弱點入侵，以病毒或後門程式為媒介，來取得系統控制權。其次的特性是「平戰不分」，網路戰跟資訊戰，它非常著重在平時的入侵、滲透跟部署，平時的滲透跟部署，其實已經是戰爭準備的一部份，但是這些滲透跟部署，它是無聲無形的，很難及時察覺，也很難及時界定來自何方，所以當受到入侵滲透部署的時候，到底算是戰時還是平時，這是不容易定義的，第三個特性是「戰域不定」，比方說八二三炮戰是在金門，但是資訊戰的領域，它是隨著資訊系統而來的，當資訊系統它的觸角在哪裡，它的戰域就在哪裡，第四個，是「識別困難」，資訊戰通常不是一個有形的軍事武裝力量，它包括產、官、學、研、軍等各個不同的角色面向，到底是網軍還是個別駭客的攻擊，它在識別上都相當困難，第五個，尤其重要的，一旦資訊戰啟動得手，它的損害是全面而立即的，我以二〇一三年三月二十日下午二時，北韓對南韓發動的所謂「黑暗首爾」，很經典的網路攻擊爲例，它可以在啟動後十五分鐘內，造成三家銀行體系，超過四萬五千部終端及內網的資料庫和應用系統全面停擺，足證戰損的爆發是非常迅速而且全面的。

關鍵性資通訊系統防護的重要性

我舉幾個重要的代表例子，第一個，是台電有一套掌理全國輸配電的「電能管理系統」，也就是說全國超過三十個發電廠及全部變電所的發電、輸電、配電都由這個系統來管理，這個系統的組成，分通訊及資訊兩個部份，在通訊的聯結上，它有四個不同的管道，包括數據專線、台電自有的光纖迴路、網際網路 Internet 的連結，和有線電話線的數據傳送，而在資訊系統的運作上，它不只是有兩套完整的雙備援系統，它在高雄還有一模一樣的兩套雙備援系統，而且全國的四套系統是同步運作的，只要維持任何一套運作它就不至於失效，但反過來講，一旦這個電能管理及控制系統發生失效的狀況，最可能的合理解釋，就是遭受到戰爭規模的國家級網路攻擊而同時癱瘓，那麼這個停擺會造成什麼影響呢，我們可以大概想像一下，第一，高鐵、台鐵、捷運因爲是電氣化的關係，它也沒有足夠的備援電力，所以立刻就停擺了，接著以台北市爲例，它有兩千個以上的路口，這路口的紅綠燈，它也同樣沒有備援電力，所以路口號誌管制立刻失效，所有路口就都可能面臨打結的情形，因而導致都會交通寸步難行，接著更嚴重是我們極端依賴的手機，它的行動通訊要靠基地台的連結，基地台很少有超過三十分鐘的備援電力，也就是說，一旦電能系統被攻擊成功，三十分鐘後，我們整個社會就進入全面系統性連鎖瓦解的地步，第二個例子是金融資訊中心的交換系統，也就是跨行提款的服務系統，這系統一旦被攻擊停擺，那跨行提款的服務就終止了，在二〇一六年的時候，全國約有超過約兩萬七千部自動提款機，不管你是什麼銀行的提款卡，你都可以在兩萬七千個任何一個提款機來完成提款的動作，但是這個跨行服務一旦終止以後呢，每一家銀行的客戶只能到各自銀行的提款機去領錢，或者是到各自銀行的臨櫃去領錢，以台灣銀行為例，約有一千兩百部提款機，也就是說，它從兩萬七千任一部都可以領錢，一下子只剩下台銀的一千兩百部可以領，當然在臨櫃或是在服務上會形成一個非常嚴重的服務瓶頸問題，即便臨櫃排一星期領不到現金，也不是不可能發生的現象。

接著我再舉兩個其他的例子，其一個是台灣網路管理中心的DNS系統，這個系統一旦停止運作，因為網路位址無法提供解析，那麼很自然的所有台灣地區的網絡服務就會全面中斷，其二，以二〇一六年「網路巨炮」的網絡攻擊技術，如果針對台灣地區實施超高流量的持續性阻斷服務攻擊（DDOS），它是有可能塞爆全國對外約1600GB（二〇一六年資料）的網路頻寬，讓台灣地區形同是網路孤島。

網路資訊戰，國軍在戰備整備上所面臨的法律困境

一旦戰爭爆發或者依法宣布為準作戰時期的時候，主責單位當然是國防部，前面曾經說過，遂行資訊戰最重要的先期網路戰場經營是必要條件，不只是戰場的經營，平時的應變準備及攻防、偵測部署的作為，都依賴平時的整備，但國軍資通電軍平時並無法律面的支撐，以至於難以執行它的戰時任務使命，因為平時國軍任何等級的偵測及部署作為，它都涉及到妨害電腦使用的法條，即使依命令、依任務做這類事情，都難以阻卻違法。

在馬總統領導期間，如何做到「資安即國安」

自民國九十九年起始，馬總統就已將網路安全問題提升到國安等級，首先國安會成立了一個國家資通訊安全研究指導小組（任務編組），分設五大任務體系，國安首長及行政院部會涉及資通領域的主責首長，是透過每週、每月、每

季、每半年的定期會議來檢視全盤資安的情勢，及重大資安政策和資安事件的處理及檢討，每半年再親由總統主持匯報，來確定當期程國家資通訊安全的檢討與策進等相關事宜。

在行政院這邊，原來就有一個資通安全會報，這個會報成立大概有超過二十年以上的歷史，資通安全會報於民國九十九年加以改組，容納國安首長爲委員，並增設國安會諮委，擔任資通安全會報的協同召集人，會報的第二個改變是本來委外成立的幕僚「策略規劃組」，改由公務員擔綱的「資通安全辦公室」。在國安會這邊的「國家資通訊安全指導研究小組」，是兼任委員制，除了國安首長以外，行政院跟資安有關領域的首長都是當然委員，當然也包括資通安全會報的召集人、副召集人、協同召集人等，國安會指導小組同時成立了一個任務編組「資通安全辦公室」的幕僚單位，跟行政院的「資通安全辦公室」，它是每週聯合作業，國安會成立的指導研究小組，有一位諮委擔任執行委員，跟行政院會報召集人是每個月都有一次高層會議，對國安會來講，指導小組每三個月會召開一次由召集人祕書長親自主持的會議，行政院資通安全會報除了半年的定期會議外，還有不定期不管是技術面還是策略面的會議，每半年再由國安會及行政院跟總統做一次匯報，來推動所有相關共識事項。這個架構運作接近五年半，在馬總統卸任前，行政院做了一個歸納跟統計，五年半期間，國安會及行政院共識推動超過一百八十項的重大資安事件檢討、規範及策略推動等工作事項，其中已完成的超過一百六十項，這期間當然有很多重大項目是透過這個機制來推動及完成的。

列舉三項應作為而發生變化，或未及完成的關鍵工作

- 協調行政院同意經由國防部委託中科院主責「網絡危機緊急處理及協調中心」（TWCERT/CC），平時它的任務是協調能源、金融、醫療等八大關鍵資訊系統領域的資安作爲，事件處理、漏洞偵測、軟體更新管制及駭客社群聯絡，戰時則納入國防部作戰管制，主責整合動員民間及海外資訊資安人才，形成攻防戰的有形力量，爲什麼是經由國防部和中科院來執行

呢，主要是因爲國防部在平時需要有一個中介跟產官學研的接觸，以厚植網路領域有關資安專業，並幫助它遂行網路戰防護任務的機制，尤其在現行的法律體制還沒有完善之前，平時的戰場經營由中科院的網路緊急危機處理協調中心，擔任一個中性的角色，戰時則動員並納入國防部的作戰管制，俾便無縫接軌。

- 第二個例子是協同行政院推動的「國家資訊安全科技中心」行政法人，來代替原來的召商委外的「行政院技術服務中心」作爲行政院支援各部會處理資安事件，推動資訊安全，且具有準公務員身分的重裝技術團隊。
- 另外就是持續推動修改國安法，比照領海法納入「中華民國主權及於轄內網絡空域及其實體空間（資訊安全管理、關鍵資訊系統防護及跨境監察另以法律定之），」這個法律修訂的目的，是在促使國防機構如同保護領土、領空、領海一樣，具有平時維持網路空域安全，防止境外入侵的正當性。

現在的執政者雖然「資安即國安」經常朗朗上口，但是所作所爲卻離國安層級越來越遠，如前述所提，（一）、「國家資通訊安全科技中心」正式掛牌啟動約一個月，即將其行政法人的法源廢止，又回到召商委外「雇傭兵」的技服中心時代，（二）、國安法修成跟主權毫無關連的國內法。（三）、「網路危機緊急處理協調中心」改由台灣網路資訊中心主責，非但切斷跟國防部的連結，更將協助管制者跟被協助管制者，角色倒置，所以說資安跟國安的距離越來越遠。

結語

最後我要引用中共國家領導人習近平的一句話來作爲結尾，這句話放諸四海皆準，當然也適用於我們，這句話就是「沒有資訊化，就沒有現代化，沒有資訊安全，就沒有國家安全」，我們從最近十月一日中共建政七十年的大閱兵，其中緊跟在陸、海、空軍、火箭軍後的「戰略支援部隊」，也就是所謂資通電軍的進階版，它的規模、它的軍容，以及它背後隱藏的實力，都是非常嚇人的，因此這不只是我們所要面對的挑戰，更是我們即將面臨的危機，聽蘇前祕書長有關兩國論與中國夢對撞的研析，深有同感，只是最後的手段是使用有形的軍事武力或全面性的網路癱瘓攻擊，我自己認爲後者的可能性將會更大，因爲它的效果絕不亞於軍事武力的攻擊，天佑台灣。

附錄

圓桌論壇

時　間：二〇一九年十月五日
主持人：馬英九／馬英九基金會董事長
與談人：邱坤玄／政治大學東亞研究所名譽教授
林祖嘉／政治大學經濟系教授
葛光越／前國家安全會議副祕書長
黃士修／重啟核四公投領銜人

馬英九：今天這是我們最後一場圓桌論壇，雖然桌子不是很圓，但我們希望人圓就好！

今天來參加圓桌論壇是邱坤玄教授，跟我一起參加馬習會，對兩岸議題非常熟悉。第二位是林祖嘉教授，我們今天都沒有講到經濟議題，但最近聽到很多媒體在講說ＥＣＦＡ沒用，講一些奇奇怪怪的東西，所以特別邀請他來。再來就是我們葛光越先生，他的背景很複雜，做過波羅地海三小國的大使，還有飛行專業，還在法國飛過幻象，大家知道嗎？法國人的武器系統全部都是英文的，不是寫法文的，因爲他們有商業考量。最後一位就是我們黃士修先生，你知道我們去年的以核養綠公投就是他提出來的，他當時爲了抗議中選會的不公，還絕食了一個星期。總之他的毅力非常驚人。當然也是因他的毅力，去年以核養綠公投達到了六比四的贊成，非常高的比例，那他跟他的夥伴廖彥朋，現在還在持續的努力當中。希望能讓核四解封，幫助我們國家的能源發展。好，那現在就從我們第一位邱坤玄教授，兩岸領域的專家來給我們指教。

邱坤玄：

總統，各位先進同行，大家午安！今天非常感佩，一天的時間我們都在討論我們國家的安全議題。蔡英文執政三年多的政策我用一個字加以概括，就是偏。偏，就是傾斜。首先，外交上的偏，就是對美國一邊倒，大家可能問一個問題，我們國家的發展歷史上我們有沒有一邊倒向美國？有，五〇六〇年代，在那個國際情勢下我們確實是有享受到一邊倒的利益，我們是聯合國安理會常任理事國，但後來美國跟我們斷交，就是因爲國際政治的權力情勢都有了相當大的轉變，現在的一邊倒完全就是誤判情勢，再也沒有像冷戰時間那時的地位。不能因爲現在美中貿易大戰就這樣倒，因爲現在的國際政治講求的是遠比冷戰時期更加重要的相互依賴，如果現在選擇一邊倒就是在偏離國際政治潮流，邊緣化我們在國際社會上原本舉足輕重的重要位置，我們的外交孤立與權力的喪失就是外交政策偏頗所造成。其次在兩岸關係上也是偏頗，只會黑中反中，一味以政治考量造成討厭中國的目的。民進黨政府從來只提威脅而從不提大陸其實也是我們的機會，這樣的判斷是非常背離正確的政治性判斷，這樣的結果大家都很清楚。我最近看到美國海軍教授寫的一篇文章，在同一篇文章中提到說中國大陸在ＩＣＢＭ與醫療船等都有很大的進展，在聯合國的人道救援以及支援非洲上都有很大的貢獻。爲什麼這兩個東西要放在一起呢?就是因爲我們評斷一個國家要從兩邊平衡的去報導他,就好像近期對於香港事件的報導,我們政府就無視暴民的行爲。美國知名亞洲問題專家卜睿哲在接受中評社訪問時表示,「如果(類似的暴力衝突)是發生在美國,或許已經橫屍滿地了。」因爲從警察動武和開槍而言,香港警察是非常克制的。香港民眾應該要適可而止,善良的行動才會成功,我們的政府以爲這樣的議題是撿到槍,但其實是撿到了未爆彈。我們眞的希望今日香港,就是被暴民控制的香港,就是明日台灣嗎?如果把這個撿到槍當作一種武器,後果不堪設想。另外,在國內議題上也是充滿偏,例如用軍公教跟勞動階層的對立,統獨族群對立,動用各方資源對我們全國最高學府的校長進行追殺的行動,對於全國的老師都有很大的寒蟬效應,誰在看到這樣的壓迫之後還願意說話發聲呢?還用國安五法的進行,用恐懼恐嚇的手段達成它們的政治上目的。

第一個概念,我覺得除了選邊,我們還有選擇。很多先進都有談到我們在馬政府時間達成的動態平衡,看著外在環境的變化了解到我們可怎麼發揮優勢,利用別人對我們的需求達成我們的目的，例如台日漁業協議，爲什麼談了十幾年沒有結果的協定一下子就談成了呢？因爲台灣發生重大的槓桿作用後，兩岸關係達成某種程度上的和緩之後，就會讓第三方擔心並開始揣摩兩岸關係的進展，並且想先和台灣達成友好的關係，日本就是擔心兩岸會在釣魚台問題上達成某種形式的合作，因爲他們認爲馬總統的中華民族情懷可能與中國大陸合作，於是日本決定先下手爲強達成台日漁業協議。當然，我必須說日本是猜測錯誤，馬總統對於這種釣魚台議題都是一向非常清楚而堅決的，絕對不會和對岸合作。所以說，我們要靠的不是選邊，選了邊，對方就知道下一步我們要做什麼，但如果三邊都有互動關係，就會互相揣測保有空間，而這才是對我們最有利的。

第二個，中。偏的相反就是中！首先我認爲中華文化對於我們來說，是非常重要的資產，除此之外，中國大陸是世界第二大經濟體，而這個政黨可以爲我們的下一代做什麼，值得重視。中國大陸雖然在經濟發展上非常卓越，在文化底蘊方面還是非常欠缺，台灣在這方面有很重要的角色，我們是中國歷史上第一個資本主義與儒家文明的有效結合體，形成一個具有現代意義的中華文化。我們的憲法是統一的憲法，相信我們一定能做出積極的貢獻。以上，非常粗淺，因爲今天已經有非常多先進做了細部的論述，那我只做概念上的澄清。謝謝！

林祖嘉：

謝謝馬總統，非常開心今天能參加會議，我是會場中少數幾個經濟專業相關領域的學者。以下分成兩部分來談論國安的問題：第一議題，人口成長趨緩；第二議題是國際經濟整合。

1. 人口成長趨緩

第一部分爲人口跟勞動，台灣的出生人口是呈現長期減少的趨勢，今年截至十月底的出生人數爲十四萬六千人。台灣出生人口長期嚴重下降，從李登輝總統一九八八年上任後出生人數爲三十四萬兩千人，至一九九九年卸任的前一年只剩下二十八萬四千人，一九八八年到一九九八年就減少了五萬八千人。在陳水扁時代，二〇〇〇年出生人數爲三十萬五千人，到了二〇〇七年只剩下二十萬四千人，是執政八年期間出生人數最低的一年。馬總統時代好一點，唯一的意外是二〇〇八年出生人數是十九萬九千人，到了二〇一五年馬總統卸任的前一年，台灣的出生人數是二十一萬三千人，這八年出生人數不減反增了一萬四千人，趨勢勉強維持著。但是到了蔡總統上任後情況又變了，二〇一六年台灣的出生人數是二十萬八千人，到了去年只剩下十八萬兩千人，少了兩萬六千人，今年截至十月底只剩下十四萬六千人，所以出生人數再一直這樣減少下去，情況是十分嚴重的。

醫療技術進步，所以預期壽命延長，台灣人口老化速度極快，再加上出生人數下降，導致一九九三年台灣六十五歲以上的人口突破七％，到了去年上升至十四％，正式步入高齡化社會，二十五年的時間，六十五歲以上的人口就增加了七％。

台灣人口老化的速度非常快，醫療資源的需求非常重要，去年兩千三百八十萬人是台灣人口最多的時候，從今年開始台灣的人口數會往下掉，國發會估計五十年後二〇六五年台灣人口高估剩下一千八百八十萬人，低估剩下一千六百萬人，如果用中估計大約是一千七百萬人，六十五歲以上的人口會增加到四十至五十％，十六歲以下的人口剩下九％，只剩近一半的人口在工作，到時候的人口壓力會有多大？若沒在勞動人口上做一個大幅度的改變，未來台灣的經濟是很難想像的。

要採取何種政策？馬總統執政八年期間出生人數沒下降，年輕人是否生小孩是關鍵，因年輕人覺得「芒果乾」是很嚴重的事情。從政策方面來看，最重要的是，去問家庭主婦或年輕人，百分之七十希望政府能協助托育小孩，年輕人需要工作沒辦法照顧小孩，托育是最重要的一環，「一校一公托」是希望十二年國教能往下延伸，五歲就能進入學校就讀。從現階段的人口政策來看，可以考慮的不只是教育政策，像之前郭台銘董事長說的「〇～六歲國家養」，其實這個政策也應該考慮，也希望韓國瑜可以想辦法將〇至六歲納入進去，但每向下延伸一年花錢需要兩三百億，一兩年內很難全面實施，可以逐步漸進式的改成中長期政策，花五至十年時間，來達成目標。

另一個增加人口的方式是擴大投資移民，尤其要考慮技術移民，現在台灣每一年赴海外工作的國人約七十三萬人，大部分爲大專及以上程度者，而外籍人士來台工作約七十萬人，其中產業大約佔四十五萬人，眞正的白領外勞來台陽數大約只有三萬人，可見「高出低進」對台灣的勞動市場是一個很嚴重的問題。

推動技術移民（規定薪資一定要超過四萬七千元以上稱爲「技術移民」），對現在大學生來說很困難，因爲大學生大部分薪水只有三萬多元，現在有很多馬來西亞、香港等僑生在台灣就讀，在台灣的大學畢業可能領個三萬五千元左右算不錯了，因此希望政府對大學畢業生的技術移民條件放鬆，考慮技術、經濟還有人口的問題，移民對台灣來說是很划算的，未來應做大幅度的開放。

2. 國際經濟整合

國際經濟整合，台灣何去何從？因最近RCEP下星期要在泰國部長級會議中協商，先前已有二十幾次的協商，因此很可能會在這次完成，這次最大障礙是印度與中國，因中國是印度最大的出口國，也是最大的赤字來源，因此印度很緊張，擔心中國關稅下降會製造他們的貿易逆差，但這次印度同意要開放百分之八十的中國商品可以免關稅，但這八十%也不是馬上開放，先開放一部份，再分五年、十年、十五年完成開放，但至少印度同意了，大家可以宣布協商完成，明年簽署。

CPTPP在去年的十二月三十日已經正式生效，CPTPP有十一個國家，佔台灣貿易總量二十四%，海外投資的四十四%，但RCEP更重要，佔台灣貿易總量有五十九%，海外投資的六十四%。另一方面，因爲包含中國大陸十三億人口，印度十二億人口，東協六億人口，還有日本一億多的人口，再加上韓國、澳洲、紐西蘭，RCEP大約佔全球總人口的四十九%，是很有潛力的市場。台灣爲小型的經濟開放體，高度依賴對外貿易，所以我們應該要積極參與CPTPP及RCEP。

現在亞洲主要國家的自由貿易覆蓋率爲：新加坡七十七%、韓國六十四%、中國三十三%、日本三十幾%，而加入RCEP後，日本自由貿易覆蓋率會達到四十七%，而台灣只有九．七%，其中還包含早收清單，是在馬政府時代所簽署的，早收清單拿掉的話，大約只有〇．二八％。去年二〇一八年我們跟史瓦帝尼、巴拉圭簽署FTA，但這兩國合起來與台灣的貿易總額只有幾千萬美元，所以幾乎是沒效果的。

順便再很快地講一下ECFA。最近大家在討論ECFA，因爲大家擔心ECFA會不會被終止，我先說明一下，我們在二〇一〇年與陸簽署ECFA，WTO希望FTA簽署雙方在十年內完成簽署。因爲ECFA後續還會有服貿協議，因爲沒簽完，人們會擔心說二〇二〇是ECFA否會失效，根據WTO很多國家簽署FTA的經驗是，簽了就簽了並不會失效。所以，理論上早收清單不會因爲十年過了就失效，但是因爲有ECFA裡有中止條款，而且有可能由單方面宣布，所以中國大陸如果覺得兩岸關係不好，要單方面宣布ECFA是有可能的，但是如果不宣布的話，早收清單是可以持續下去的。

從早收清單來看，過去二〇一〇至二〇一八年早收清單項目每年成長比非早收清單項目大約三％，這是很好的例子，如果我們跟中國大陸貨貿都簽完，每年出口能成長三％，我們一年對大陸出口大約一千三百多億美元，一年如果增長三％，就多增加約兩千億台幣的出口，所以要跟大陸完成簽署ＥＣＦＡ是很重要的。還有農產品，在二〇一〇年的時候，我們對大陸出口約有五億美元，逆差約一億，在ＥＣＦＡ項目裡大陸給我們十八項免稅，對農產品出口有很大的助益，到去年出口已經達到十二億美元，如果大陸把早收清單終止的話，那我們的農產品馬上要被課很高的關稅，那對我們農業影響很大。

最後，二〇一三年立月簽署服貿協議，同年七月簽署台紐經濟合作協定（ＡＮＺＴＥＣ），十一月署簽台星協議（ＡＳＴＥＰ），也就是說，如果沒有服貿協議的話，可能ＡＮＺＴＥＣ和ＡＳＴＥＰ都無法簽下來。如果當時能持續簽完貨貿，說不定未來能與其他國家簽署更多ＦＴＡ，很可惜當時沒有完成服貿協議，後續也沒辦法簽署貨貿協議。無論如何，ＥＣＦＡ對台灣非常非常重要，但仍然不夠，台灣未來要完成ＥＣＦＡ的後續協商，服貿協議要重談，貨貿協議也要，同時也要積極的申請加入ＣＰＴＰＰ和ＲＣＥＰ。以上是我的一些看法，謝謝。

葛光越：

馬總統、執行長、杜院長，各位先進各位好朋友，剛才聽很多前輩先進講了很多專業問題，個人學到很多知識，剛才馬總統介紹個人的飛行專業，我在法國飛過幻象機，其實在飛幻象前有很多飛行經歷，像最近很熱鬧F-16機案。我介紹照片左邊是年輕的我，當時是首次接觸F-16機團隊，右邊女生是F-16設計工程師，這是我們IDF先期設計小組，赴美作業人員包括黃榮德、葛光越等，在一九八〇年八月，華美斷交後一年八個月，正值中美建交蜜月期，惟因F-16已生產，原廠設計師面臨失業。因此美方同意以每位年薪約五百萬台幣左右，允許來台助我設計IDF。

最近二〇一九年八月十八日川普總統宣布，以八十億美元，售我六十六架F-16V。他說："It's US$8 billion. It's a lot of money. That's a lot of jobs, It's a great aircraft. And we really believe they're going to use it very responsibly."

另一售我F-16機是在一九九二年九月十四日，布希總統在德州宣布，以六十億美元售我一百五十架F–16A／BMLU，它的背景就是爭取通用動力員工選票，同時法國宣布售我六十架幻象戰機，更重要的基礎是我們已完成自製IDF。

依當時有名之「史文報告」中提到軍購最大影響來自政治及美參、眾議員影響，史文Dr. M. Swaine原蘭德公司研究員，有名網紅。（郭崇倫）。

在二〇一一年馬總統上任第三年，二〇一一年九月二十二日美政府同意提升我一百四十五架F–16V，五十三億美元，稱鳳展計劃，正是回應我急待提升的需求。前AIT主席薄瑞光特別提到，表揚他（馬總統）對促進台海兩岸關係穩定做出的努力，美國一向認為台海穩定是為美台改善關係，創造更多政治空間的基礎。也就是我們外交很多人努力的結果，下面這張圖就是我們努力過的人，馬總統與美議員苦心婆心說明、胡為真祕書長、高華柱部長，左起梅健華、楊念祖、司徒文、葛光越、米德偉、薄瑞光。由於二十二號要通過，AIT當時副處長Madison，特別在五月二十一日晚上，打電話給我，溝通相當專業的英文新聞稿，主要是第二天我們與美政府要同步發表新聞，在在都表示，三次F–16

獲得，只有這次是經過馬團隊努力打下的基礎。

川普總統此時此刻售我六十六架F-16V，我們聽到現政府到處東拉西扯，事實上沒有什麼好說的，聽聽川普直白的宣示，就知道這是政治與後人乘涼的結果。再複誦薄瑞光主席一席話：「美國一向認爲台海穩定是爲美台改善關係，創造更多政治空間的基礎」。

F-16V的確是好飛機，有相位陣列雷達能力增加三十%以上，整體偵知能力可提升二二〇%，任務電腦和通訊系統升級後，未來也能和F-35機協同作戰。F-16V採用與F-35類似匿蹤塗料，一般認爲可以再降低二十%的雷達截面積，被發現距離由兩百浬減至一百六十浬左右。

有人問新F-16V市場如何？目前有斯洛伐克購十四架、保加利亞購八架、巴林購十六架，並提升現有之十九架，希臘提升八十四架，韓國及新加坡也有意提升他們的F-16。表示目前我們獲得的F-16V，比他們現有之F-16C／D要好，這也可以表示當年馬團隊所做的努力，是有效果的。

未來接機管理作業，將是我們非常重要的工作，目前獲得的F-16V六十六架，就是我們空軍現有F－16A／B，一百四十二架正在提升的標準，包括新陣列雷達、任務電腦、座艙介面及主匯電系統，這是一個新舊整合工程，對未來作戰將有重大影響，目前空軍已交付美方三十九億的整合費用，未來眞要做好研發管理及測試評估工作。漢翔公司稱美方計劃管理不週，目前我們只完成了六架提升，但洛馬怪漢翔進度慢，漢翔怨美方軟體研發慢，卻要漢翔加人加工，視漢翔如同電子業代工，替美方趕落後的進度，漢翔已不計成本，加八百人，但洛馬仍有微詞。我們空軍有非常強的測評團隊。任何新機出廠，都需時間作研發管理及測試評估，像IDF及幻象機，我們都是全世界第一個使用國，當年研發管理及測評工作就非常成功，由於這兩種飛機個人都曾經實際參與測評作業，非常了解我們的能力，大家值得努力面對。

此外我們面對的挑戰一，美國空軍在二〇〇六阿拉斯加「北方之刃」演習F－22對F－16，以一四四比零，勝F－16，二〇一五威斯康辛「北方之光」演習，F－35對F－16，一三八比三十八，從演習證明對F－16型機來說，隱形戰機已經成爲F－16重大的挑戰。

現代戰機戰場存活基礎在三點：看不到、鎖不住、打不到，就是五代機，完全隱形機，美國F－22、F－35、中共殲－20及俄羅斯之Su－57（待驗證）。戰機隱形的三大因素：一、外形；二、材料、匿蹤塗料；三、電子反制。我們現有幻象機翼上有許多小電子反制器。幻象也有空中電子偵搜艙、可比擬美海軍EP－3電子偵察機。幻象戰機未來戰場存活率相對提高很多，值得重視。

另外挑戰二，面對九月四日無人機有效攻擊沙烏地油田後的作戰，對所有的國防工作者都是極為嚴重的挑戰。其實我們也有大騰雲、小火紅雀無人機可資面對。我們的IDF戰機，也有獨特國造武器如青雲油氣彈、萬劍遙攻飛彈等都是好的反制裝備。

再來個人要提報的是上午馬總統提及的領袖風格，大家都僅知道經國先生是莫斯科中山大學，他唸了一年半，反而在列寧格勒軍事學院念了近三年，受了很多刻苦節儉樸實的訓練，經國先生有名的便當和他的夾克，我是唯一吃過經國先生蛋炒飯便當的人，真的不好吃，他卻甘之若飴。他穿著很樸素，就是一件夾克。另外是馬總統有參與的，在經國先生去世百日的時候，一場臨別餐敘，大家都點五百五十元的套餐，吃到一半馬總統就問到，經國先生是否吃過？追隨十四年的王主任講：眞的沒吃過，當時我們好幾位都掉下眼淚。經國先生眞的勤政愛民，曾一晚有六次要求我提報颱風動態，翌日即往高雄災區勘災、救災。他會花六小時車程去六龜育幼院，而且去了六次。經國先生精神就是勤勞節儉樸實、愛百姓，我介紹到此，我們未來希望能找一個跟經國先生一樣的領袖，像這位以魯肉飯、礦泉水、不貪污，經常提到「莫忘世間苦人多」的候選人，眞值得我們深思。最近兩度獲普立茲新聞獎的克里斯托夫講「儘管台灣和中國大陸可能都知道彼此的紅線，但我擔心美國政界人士，可能試圖以增加引發危機風險的方式來幫助台灣。」我們的看法是「盟邦對台灣任何支援都不是完全以台灣安危爲考量，而是以該國從政者利益爲考量的結果」。結論是蘇起先生最近常提的一句名言「自己的國家自己救」。要選好的人，才會有國家安全。

黃士修：

一般人談到國安，會直覺想到兩岸、外交、國防，但其實經濟、環境、能源也是影響國家的重要主題，因此在此我用能源角度切入國安問題。所謂芒果乾與亡國感這個問題，炒作反中、紅色、反中的意識形態，煽動這樣的芒果乾（亡國感）擴及到藍營的群眾，以形塑更加具體的威脅。

我想提一個關鍵數字，九八％。有些人可能知道，台灣的能源進口比例高達九八％。大家可能不知道，二〇一三年廢核大遊行有十二萬人，二〇一九年廢核大遊行卻不到三千人。而且是蔡總統親自號召，民進黨下令動員，還不到三千人。反核人士的衰減率，也是九八％。從中我們可以看到，連綠營民眾也不買單非核家園政策。「非核法律讓你們公投廢了，但非核政策我們要繼續做。」與執政黨勾結的反核團體，不斷召開記者會跳針，鞏固反核的利益結構。

談到台灣能源與環境的風險，台灣是個多颱風與多地震的區域，反核團體宣稱，核電廠附近有斷層，北海岸和龜山島有海底岩漿庫，會威脅核電廠安全。

如果你住在北海岸，應該要先擔心海底火山爆發，你家被夷爲平地，還是核電廠被摧毀呢？

再告訴你一個祕密，日本經歷過福島核災，還有兩次原子彈轟炸。日本九州有四座陸上活火山，最近一次噴發的時間，雲仙岳在一九九六年、阿蘇山在二〇一六年、櫻島在二〇一七年、霧島山在二〇一八年。然而，有那麼多陸上活火山的日本九州，是最先重啟核電廠的地區。從來沒有發生過核災的台灣，卻有許多反核人士在散布，核電廠是會毀滅世界的芒果乾。

能源安全就是國家安全，關係到氣候風險、環境風險、電力風險、社會風險。今年五月底核二廠重啟，核二核三提供全台十％的電力。經濟部每天吹噓供電綠燈，備轉容量正好就是十％，如果沒有核電廠，我們早就限電了。

台中火力發電廠確實有製造空污，但全國的 PM2.5 並不是都由燃煤電廠貢獻，空污問題受到地形和季節等大氣流動的影響，非常複雜。中火十部燃煤機組，發電量超越三座核電廠的總和，佔全國供電將近二〇％，也不能說一刀就全廢了燃煤，而是應努力尋求一個平衡。

非核家園宣稱三成燃煤，已經被美國彭博BNEF公開打臉做不到，二〇二五年實際上會是五成燃煤、九成火力的空污家園。以核養綠續用核電，多了兩成乾淨穩定安全的電力可調度，才能眞正做到減煤。

兩成核能放回來，三成燃煤減下來。有多的電，推廣電動車改善交通空污。有多的氣，推廣鍋爐煤改氣改善工業空污。核能減煤，有氣有電，打通任督二脈，還我乾淨家園。

我支持核能最重要的理由就是國家安全。進口一次核燃料可維持十八—三十六個月的運轉。天然氣安全存量只有七天，目前是每三天運補兩艘船，未來天然氣用量大增，可能每天都要運補。二〇二五非核家園之後，每年夏季颱風一來，若天然氣運輸船無法靠港，就會有一半電力斷氣，兩成的風電和光電，在颱風天也發不出電，全國有七成電力會消失，這是出賣台灣主權的最嚴重國安危機。

並非發生在美國本土的越戰，造成美國國民強力反彈。反觀台灣若進入非核家園，即使國軍有戰備用油，每年夏天都要處於八一五大停電的風險，政治和社會的動盪將使國家無法運作。我認爲，台獨和反核是根本上的矛盾，只有被統派才有資格談廢核，與東南沿海省份接跨海電網，將電力命脈交付對岸。

從能源與國家安全的角度來說，最後還是要提出解決的方案，關鍵在二〇二〇年的總統大選，如果國民黨能重返執政，立法院取得多數，實施正確的能源政策。那麼，二〇二〇年二月新國會上任，可先做出重啟核四的立院決議，二〇二〇年五月行政交接，就能進行核四廠起動測試，編列相關預算。若遭遇民進黨和反核團體杯葛，則留待二〇二一年八月公投解決。

我並非公投本位主義者，若代議民主能回歸常軌，沒有人會想勞師動眾走上街頭搞全國公投。目前我們的社會出了很嚴重的問題，蔡英文政府踐踏了二〇一八年公投的結果。我的憂慮來自非核家園帶來國家安全的危機，我去年在中選會絕食期間就說了，我坐在這裡絕食，並非爲了以核養綠，而是爲了守護民主和法治。

最後在這裡告訴大家一個好消息和壞消息。好消息是我們的重啟核四公投連署書已經達標，將在十月九日送件至中選會。壞消息是去年民進黨吃了以核養綠公投的大虧，有情資顯示府院要比照去年的作法，擴大內定的不合格率。無權無勢的人民要對抗違法舞弊的政府，若我們失敗，這個國家將走向極權專制，這就是我們感受到的眞實亡國感。

馬英九：

謝謝所有與談人的發言。今年四月二十七日蔡總統親自參加反核遊行，但去年公投明明已通過以核養綠，一國元首怎麼還去參加這個遊行？九二共識是處理兩岸關係的關鍵，巴拿馬總統說：「其實我一上任就想跟大陸建交，但大陸說，這樣不好，這樣會傷害到台灣。在我進一步了解後，發現你們原來有的外交休兵已經停止了，所以我才去跟大陸建交的。」因此我認爲，如果沒有原先的九二共識，或許就不會像現在這麼慘了。

我在二〇〇八年五月二十日上任，準備就職演說稿。結果有個幕僚拿給我一份資料，竟然是我的演說稿，因爲大陸從我這駭過去，而我們又從大陸那駭過來。從中也讓我覺得，我的電腦要全部關機，電腦戰與資訊戰對於未來將是非常重要的關鍵。另外，日本人怕我們跟大陸合作，但我在這強調不會跟大陸合作，這我論文也有寫，我的論文網路上都看得到，也隨時都可以看。再者，台灣新生兒世代一直少一直少，只有馬英九時代增加了一萬五千人，蔡政府與扁政府都是減少，因爲馬政府時代夫妻可以請育嬰假。只要我們新生兒人數不少於十九萬，未來就不會有太多問題。而且人口數不能彌補的，希望未來不論誰執政，都能在國安問題上得到最大保障。

圓桌論壇影片

人與土地21

哪來的芒果乾？——煽動恐懼，倚賴美國，能解決問題？

作　　者—蘇起、夏立言、趙春山、張五岳、趙建民、歐鴻鍊、何思因、劉志攻、黃奎博、
高華柱、林郁方、楊念祖、袁桂笙
編　　著—馬英九基金會
特約編輯—張美月
責任編輯—謝翠鈺
行銷企劃—江季勳
美術編輯—李宜芝
封面設計—陳文德
董 事 長—趙政岷
出 版 者—時報文化出版企業股份有限公司
一〇八〇三台北市和平西路三段二四〇號七樓
發行專線—（〇二）二三〇六六八四二
讀者服務專線—〇八〇〇二三一七〇五・（〇二）二三〇四七一〇三
讀者服務傳真—（〇二）二三〇四六八五八
郵　　撥—一九三四四七二四時報文化出版公司
信　　箱—10899臺北華江橋郵局第99信箱
時報悅讀網—http://www.readingtimes.com.tw
法律顧問—理律法律事務所　陳長文律師、李念祖律師
印刷—盈昌印刷有限公司
初版一刷—二〇一九年十二月十三日
定價—新台幣三〇〇元
缺頁或破損的書，請寄回更換

時報文化出版公司成立於一九七五年，
並於一九九九年股票上櫃公開發行，於二〇〇八年脫離中時集團非屬旺中，
以「尊重智慧與創意的文化事業」為信念。

哪來的芒果乾？：煽動恐懼，倚賴美國，能解決問題？/ 馬英九基金會 編 . -- 初版 . -- 臺北市 : 時報文化 , 2019.12
面；　公分 . -- (人與土地 ; 21)
ISBN 978-957-13-8056-8 (平裝)

1. 台灣政治 2. 兩岸關係 3. 文集

573.07　　108020665

ISBN 978-957-13-8056-8
Printed in Taiwan